Ronald D. Gerste

Amerika verstehen

Geschichte, Politik und Kultur der USA

Klett-Cotta

Klett-Cotta
www.klett-cotta.de
© 2017 by J. G. Cotta'sche Buchhandlung
Nachfolger GmbH, gegr. 1659, Stuttgart
Alle Rechte vorbehalten
Printed in Germany
Cover: Rothfos & Gabler, Hamburg
unter Verwendung eines Fotos von © Sarah8000/getty images
Karten: Rudolf Hungreder, Leinfelden-Echterdingen
Gesetzt von Kösel Media GmbH, Krugzell
Gedruckt und gebunden von CPI – Clausen & Bosse, Leck
ISBN 978-3-608-96167-6

Bibliografische Information der Deutschen Nationalbibliothek:
Die Deutsche Nationalbibliothek verzeichnet diese Publikation in der
Deutschen Nationalbibliografie; detaillierte bibliografische Daten
sind im Internet über <http://dnb.d-nb.de> abrufbar.

Inhalt

Einleitung: Unsichere Zeiten

»Dann sag mir, Junge aus der Zukunft, wer ist im Jahr 1985 Präsident der Vereinigten Staaten?« Ronald Reagan, die Antwort des Zeitreisenden, erscheint Emmett »Doc« Brown wenig glaubhaft. »Der Schauspieler? Wer ist dann Vizepräsident? Jerry Lewis?«

Im ersten Teil der beliebten – und im Fernsehen oft genug wiederholten – Trilogie *Zurück in die Zukunft* erlebt Marty McFly staunend die Welt der amerikanischen Provinz im Jahr 1955, mit Tankwarten, die sich servicewillig auf den Kunden stürzen, und mit Teenagern, deren härteste Droge ein Milkshake ist. Was er der jüngeren Version seines Freundes Doc Brown über das Jahr 1985 erzählt, aus dem er mit dem DeLorean und seinem Flux-Kompensator angereist ist, erscheint dem Doc bizarr. Schließlich sitzt 1955 mit Dwight D. Eisenhower ein quer durch alle Bevölkerungsschichten geschätzter Kriegsheld im Weißen Haus – ein Schauspieler im höchsten Staatsamt klingt wie ein schlechter Scherz.

Als der Film 1985 in die Kinos kam, löste der kurze Dialog bei den Zuschauern allenfalls ein leichtes Schmunzeln aus. Ein Schauspieler als Präsident der USA war längst zur Normalität geworden. Im Jahr zuvor, im November 1984, war Reagan mit der größten Mehrheit an Wahlmännerstimmen der Moderne wiedergewählt worden: 49 Bundesstaaten hatten sich mehrheitlich für den 73-jährigen Republikaner entschieden, sein Kontrahent, der Demokrat Walter Mondale, hatte nur seinen Heimatstaat Minnesota und die Hauptstadt Washington – offiziell: District of Columbia – gewonnen. Reagan selbst, ein großer Fan der *Back to the Future*-Trilogie, wusste aufgrund seiner Hollywood-Erfahrung einen guten Plot zu schätzen und zitierte bei einer seiner nächsten Fernsehansprachen aus dem schnell zum Kulturgut gewordenen Opus.

Wer immer in den USA und bei den europäischen Verbündeten 1980 geschockt reagierte, als mit Ronald Reagan nicht nur ein Schauspieler, sondern auch ein Politiker mit unverhohlen geäußerten erzkonservativen Ansichten zum vierzigsten amerikanischen Präsidenten gewählt wurde, hätte sich kaum vorstellen können, was die Zukunft – um im sprachlichen Bild zu bleiben – noch bereithalten würde. Denn der November 2016 würde bei vielen, wenn auch längst nicht bei allen Beobachtern des Weißen Hauses nah und fern einen weitaus größeren Schrecken auslösen. Mit Donald Trump wurde ein Kandidat zum 45. US-Präsidenten gewählt, an dessen Qualifikation nicht nur seine Gegner, sondern auch ein gewisser Prozentsatz seiner eigenen Wähler grundsätzlich zweifelte. Die Mehrheit der bei einer Präsidentenwahl entscheidenden Wahlmännerstimmen, wenn auch nicht der Wählerstimmen an sich – eine weltweit einzigartige Besonderheit des US-Wahlsystems, auf die noch einzugehen sein wird –, fiel auf einen Kandidaten, den man nicht einmal als Politiker bezeichnen konnte. Das war freilich in den Augen vieler seiner Wähler geradezu ein Vorteil. Während der Schauspieler Reagan immerhin acht Jahre lang Gouverneur von Kalifornien gewesen war, hatte Donald Trump nie für ein öffentliches Amt kandidiert, nicht einmal für den örtlichen Board of Education oder einen Sitz in der Bezirksvertretung, geschweige denn für das Repräsentantenhaus, den Senat in Washington oder für das Amt des Gouverneurs in seinem Heimatstaat New York.

Das wiederum ist einer der traditionellen Wege zur Präsidentschaft; Bill Clinton und George W. Bush beispielsweise waren Gouverneure, Barack Obama Senator gewesen. Ein anderer überkommener Pfad zur Präsidentschaft ist Kriegsheldentum: Mit George Washington, Ulysses S. Grant und Dwight D. Eisenhower stiegen drei Oberkommandierende in größeren Konflikten zu Präsidenten auf. Bei mehreren anderen Präsidenten spielte die militärische Komponente in der Biographie zumindest eine mitentscheidende Rolle, so etwa bei Andrew Jackson, Zachary Taylor, Theodore Roosevelt und John F. Kennedy, dessen Erlebnisse im Pazifikkrieg 1943/44 von den Medien – und mit tatkräftiger Unterstützung von Vater Joe Kennedy senior – zum Heldenepos umgeformt wurden. Donald Trump dagegen trug nur während seiner Zeit an einer Privatschule mit integrierter Kadettenausbildung, der New York Military Academy, Uniform und nie wieder nach seinem Abschluss 1964, im Alter von 18 Jahren. Jedoch: *He didn't serve his country!* – Mit dieser einst für eine politische Karriere fast verhängnisvollen Feststellung steht Trump nicht alleine da. Bill Clinton und Barack Obama dienten ebenfalls nie in den Streitkräften, bevor sie Commander-in-Chief wurden. Die Zeiten haben sich indes für potentielle Präsidentschaftskandidaten nicht nur hinsichtlich des Militärdienstes geändert, seit die Wehrpflicht für junge Amerikaner 1973 abgeschafft wurde. Auch die Anforderungen der Öffentlichkeit an das Privatleben ihrer Kandidaten und letztlich ihres Präsidenten sind liberaler geworden – und spiegeln damit die Realität der amerikanischen Gesellschaft wider. Bei Ronald Reagan war es noch eine von Journalisten im Wahlkampf 1980 gebührend hervorgehobene Besonderheit, dass er der erste geschiedene Präsident wurde – immerhin 191 Jahre nach Einführung des Amtes. Im Jahr 2016 störten sich selbst religiös-konservative Wählerschichten nicht an den zwei Scheidungen des Donald Trump. Mehr noch: Bei der Beurteilung des Privatlebens eines Politikers ist längst eine Desillusionierung eingetreten. Trumps frühere außereheliche Affären, mit denen er vor seiner dritten Ehe mit der neuen First Lady Melania nicht hinter dem Berg hielt, standen seinem Wahlsieg nicht im Wege – eine Änderung der Wahrnehmung, eine geradezu resignative Rezeption seitens der Wahlbevölkerung, für die der 45. Präsident sich auch beim 42. Präsidenten, Bill Clinton, bedanken kann. Nach einem Präsidenten, der sich in einem Nebenraum des Oval Office von einer Praktikantin einen Blowjob geben lässt und anschließend vor laufender Kamera lügt, und auch nach den posthumen Enthüllungen über das Privatleben John F. Kennedys sind die Erwartungen an den Charakter des ersten Mannes im Staate nicht mehr so hoch wie einst. Diese waren auch bezüglich der potentiell ersten Frau an der Spitze des Staates, Hillary Clinton mit ihrer langen Vita von Skandalen, von Realismus geprägt. Damit fand 2016 die erste Wahl der amerikanischen Geschichte statt, in der zwei mehrheitlich als unsympathisch oder wenig vertrauenswürdig eingestufte Persönlichkeiten um den Einzug ins Weiße Haus rangen.

Was viele Amerikaner und noch viel mehr Europäer an dem Wahlkämpfer Donald Trump verstörte, war indes weniger seine schillernde Biographie, in der die Selbstdarstellung als überaus erfolgreicher *businessman* angesichts mehrfacher Bankrotterklärungen ebenso wenig überzeugen konnte wie seine – neben dem Rang als »Immobilienmogul« – zweite Karriere als TV-Showmaster. Trump war elf Jahre lang, von 2004 bis 2015, Produzent und Hauptdarsteller der Reality-Show *The Apprentice* und fast zwanzig Jahre lang Organisator und Vermarkter des Miss-USA-Schönheitswettbewerbs – ein sehr ungewöhnliches Biographie-Kapitel in den Annalen der amerikanischen Präsidentschaft. Es waren vielmehr zahlreiche seiner Aussagen, die in den USA wie international, diplomatisch ausgedrückt, Aufsehen erregten und eine Welle des Befremdens, des Protestes und der Sorge auslösten. Die Befürchtung war und ist, Trump könnte möglicherweise auch im Amt zu Pauschalisierungen und Rundumschlägen neigen – eine potentiell gefährliche Eigenart, die man von Verantwortung tragenden Politikern in westlichen Demokratien nicht gewöhnt ist. So bezeichnete er unter anderem Mexikaner als Kriminelle und Vergewaltiger. Er kündigte im Wahlkampf an, die geschätzt rund elf Millionen illegal in den USA lebenden Menschen deportieren zu lassen und an der Grenze zu Mexiko mit einer Mauer exakt jenen Typ Bauwerk zu errichten, dessen Fall im Herzen Europas eine der erfreulichsten historischen Wendemarken der jüngeren Geschichte dokumentiert. Dass er eine ganze Bevölkerungsgruppe unter Generalverdacht stellt und von Einreise- wie Einwanderungsbeschränkungen für Muslime sprach, löste bei Bürgerrechtlern, Liberalen und den Medien Entsetzen aus. Seine Einstellung gegenüber Frauen – ein Lackmustest in einer von Feminismus und politischer Korrektheit entscheidend geprägten Gesellschaft – wurde als zwiespältig dargestellt. Seinen Erklärungen, niemand habe mehr Respekt gegenüber Frauen als er, stehen zahlreiche dokumentierte, als sexistisch eingestufte Bemerkungen gegenüber, die allerdings meist mehrere Jahre zurückliegen. Dass in der Endphase des Wahlkampfes eine ganze Reihe von Frauen an die Öffentlichkeit traten und Vorwürfe äußerten, er habe sie (ebenfalls vor vielen Jahren) belästigt, befummelt oder gegen ihren Widerstand geküsst, mag eine besondere Facette der Taktiken in amerikanischen Wahlkämpfen sein – sowohl das Thema als auch die involvierten Frauen sind nach dem 8. November 2016 quasi über Nacht aus den bis dahin diesem Aspekt gegenüber so aufgeschlossenen Medien verschwunden. Mit eben diesen Medien führt der 45. Präsident seit Längerem einen Kleinkrieg, in dem beide Seiten zu vergessen streben, dass es in den 1980er und 1990er Jahren die permanente Präsenz des aufsteigenden Bauherren in Glamour-Zeitschriften, auf den Society-Seiten der damals noch vitalen Printzeitungen und in TV-Shows war, die »Trump« erst zu einem festen Begriff machte. Ohne seinen früh erworbenen und durch stetes Blitzlichtgewitter gefestigten Ruf als Geschäftsmann und Gesellschaftslöwe par excellence, mit einem Faible für Frauen mittelosteuropäischer Herkunft, hätte er nicht jenen Bekanntheitsgrad erreicht, der Grundlage für die erfolgreiche Präsidentschaftskandidatur war. Und dennoch, im Umgang mit Kritikern in den Medien offenbarte Trump eine in der Politik selten gesehene Dünnhäutigkeit, welche seine Anhänger freilich als Authentizität und Abkehr vom sattsam bekannten stromlinienförmigen Politikertypus werteten. Wie sehr es also der Name ist, welcher Wähler anspricht und motiviert, und weit weniger die politische Erfahrung, die sachliche Kompetenz – der Wahlkampf 2016 hat es eindrucksvoll demonstriert.

Jenseits aller persönlichen Merkmale haben verschiedene Ankündigungen oder zumindest Anspielungen des Kandidaten Trump in Asien, aber auch in Europa und in Deutschland Besorgnis ausgelöst. Es sind Zweifel an der Verlässlichkeit des Bündnispartners USA geweckt worden, einer Schutzmacht, die vielerorts ein Garant für das Erblühen einer starken, liberalen Demokratie war – vor allem bei den von den USA besiegten Weltkriegsgegnern Japan und Deutschland. Die amerikanischen Verbündeten im Fernen Osten, Japan und Südkorea, hat Trump mit Andeutungen hochgradig irritiert, sie müssten mehr für die eigene Verteidigung tun und sollten sich gegebenenfalls eigene Atomwaffen anschaffen. Beide Länder unternehmen – im Gegensatz zu einigen europäischen NATO-Partnern – immense Verteidigungsanstrengungen; die Mannschaftsstärke der Streitkräfte Südkoreas beträgt etwa das Vierfache der über viele Jahre kontinuierlich geschrumpften Bundeswehr. Japan entfernt sich zaghaft von dem Pazifismus, der unter Mithilfe des wie ein Vizekönig in Tokio residierenden US-Generals Douglas MacArthur in der Nachkriegsverfassung festgelegt wurde, und nimmt in bescheidenem Umfang an Auslandseinsätzen mit UN-Mandat teil. Der Gedanke an eine nukleare Bewaffnung wird jedoch von der überwältigenden Mehrheit der Bürger des einzigen Landes auf der Welt, das den unvorstellbaren Horror eines Angriffs mit Atombomben hat erleben müssen, als eine gegen die nationale Seele gerichtete Zumutung abgelehnt.

Jenseits des anderen großen Ozeans haben Trumps im Wahlkampf verbalisierte Vorwürfe, dass die USA zu viel und die Europäer zu wenig für die gemeinsame Verteidigung zahlen, und Fingerzeige, Amerika könne seine Führungsrolle in der NATO überdenken, Besorgnis ausgelöst und den Ruf laut werden lassen, dass Europa sich auf seine eigenen Stärken besinnen und mehr Verantwortung übernehmen müsse – was sicherlich grundsätzlich und unabhängig von der Besetzung des US-Präsidentenamtes ein sinnvoller Gedanke ist. In der Tat tragen die Vereinigten Staaten in immensem Umfang zu einem gemeinsamen Sicherheitssystem bei, von dem die übrigen 27 NATO-Partner und auch die nicht dem Verteidigungsbündnis angehörenden Länder wie Österreich und die Schweiz, Schweden und Finnland profitieren. Es hat dem größten Teil eines Kontinentes, welcher sich über Jahrhunderte in unzähligen Kriegen immer wieder selbst zerfleischt hat, eine Friedenszeit von inzwischen mehr als siebzig Jahren beschert. Und die USA tragen rund 72 Prozent aller Verteidigungsausgaben der NATO-Mitglieder. Allerdings ist ein beträchtlicher Teil des US-Militärbudgets für außereuropäische Aufgaben bestimmt. Ohnehin ist der Vorwurf, dass europäische Verbündete hinter ihren Zusagen zurückbleiben, keine Trumpsche Spezialität. Ihn haben führende amerikanische Politiker über Jahrzehnte in unterschiedlicher diplomatischer Deutlichkeit geäußert – darunter auch Barack Obama. Dass diese Vorhaltung vor allem in Deutschland und bei den dort verantwortlichen Politikern einen blanken Nerv trifft, liegt daran, dass sie berechtigt ist. Die Abmachung, mindestens zwei Prozent des Bruttosozialprodukts für die Verteidigung auszugeben, erfüllen derzeit nur vier europäische NATO-Mitglieder: das Vereinigte Königreich, Griechenland, Polen und Estland. Diese Tatsache anzusprechen, ist kein Indiz für einen Standpunkt innerhalb des konservativen Spektrums der amerikanischen Politik. Im Vorwahlkampf 2016 wies der sich als Sozialist bezeichnende Senator aus Vermont, Bernie Sanders, darauf hin, dass europäische Länder sich durch Einsparungen bei der Verteidigung das leisten können, was Teil seiner eigenen Agenda sei. Nämlich ein funktionierendes und für den Einzelnen erschwingliches Gesundheitssystem sowie kostenloser Zugang zu den Universitäten – etwas, das in den USA leider dank extremer Kommerzialisierung undenkbar ist. Die Exzesse amerikanischen Profitstrebens auf diesen eigentlich den Grundrechten zugehörigen Feldern werden uns später noch beschäftigen. Sanders jedenfalls machte dadurch deutlich, dass eine ausgeglichenere Lastenverteilung ein parteiübergreifendes Anliegen der USA und keine Domäne der Republikaner ist.

Auch wenn im politischen Alltag selten so heiß gegessen wie im Wahlkampf gekocht wird, haben die Wahl Trumps und die möglichen Implikationen für das Verhältnis Europas und speziell Deutschlands zu den USA eine spürbare Unsicherheit entstehen lassen. Traditionell reklamiert Großbritannien für sich eine *special relationship* mit den USA und Frankreich wird auf der anderen Seite des Atlantiks mit Blick auf die Gründertage im Amerikanischen Unabhängigkeitskrieg gern als *our oldest ally* gewürdigt. Ungeachtet dessen hat Deutschland nach dem Zweiten Weltkrieg stets eine privilegierte Stellung im Verhältnis zu Washington genossen. Die junge Demokratie der Bundesrepublik entwickelte sich unter dem amerikanischen Schutzschirm (und dem der anderen Westalliierten); es gedieh eine Meinungsfreiheit, zu der ganz selbstverständlich auch die Kritik an den USA gehörte, wie man sie etwa während des Vietnamkrieges erleben konnte. Als nach der friedlichen Revolution in der DDR die Zeichen für viele unerwartet plötzlich auf Wiedervereinigung standen, war es die Unterstützung durch die ruhige und kompetente Diplomatie von Präsident George H. W. Bush ebenso wie die Kooperationsbereitschaft der ihrem Ende entgegengehenden Sowjetunion unter Michail Gorbatschow, die das bis kurz zuvor noch von praktisch der gesamten bundesdeutschen Politelite für unmöglich Gehaltene Realität werden ließ. Vorbehalte musste Bush bei seiner Schützenhilfe für Bundeskanzler Helmut Kohl dabei vor allem bei zwei Verbündeten aus dem Weg räumen: bei dem aufgrund historischer Erfahrungen angesichts der Möglichkeit eines vereinten und womöglich »starken« Deutschland wenig begeisterten Frankreich einerseits sowie insbesondere bei der geradezu in panische Wut verfallenden britischen Premierministerin Margaret Thatcher andererseits. Bushs bedachtsamer Umgang auf weltpolitischem Parkett wird man möglicherweise in der aufsteigenden Trump-Ära nostalgisch vermissen. Der 41. Präsident widerstand den Ratschlägen seiner Berater, beim Mauerfall im November 1989 umgehend nach Berlin zu reisen: »Was soll ich dort tun? Auf der Mauer tanzen?« Schadenfreude über die zunehmende Schwächung des weltpolitischen Rivalen Sowjetunion wäre unredlich gewesen; es galt, mit der anderen Seite weiterhin im Geschäft zu bleiben, zum Beispiel bei der nuklearen Abrüstung. Das war amerikanische Außenpolitik *at its best.*

Das Verhältnis Deutschlands zu den USA war stabil genug, um auch tief gehende Dissonanzen zu verkraften. Dazu gehörte die Weigerung der Regierung unter Bundeskanzler Gerhard Schröder, genauso wie Frankreich nicht an dem von Präsident George W. Bush 2003 vom Zaun gebrochenen Krieg gegen den Irak teilzunehmen. Es war ein Krieg, der auf fehlerhaften Begründungen beruhte, ein Land zerstörte und im Nahen Osten mehr Probleme schuf als er löste. Das Bündnis der USA mit Deutschland – ebenso wie jenes mit Frankreich – überstand alle Irritationen und auch die Polemiken von selbsternannten »Superpatrioten« in Talkshows und auf konservativen Radiokanälen. So heißen in den USA die kurzzeitig zu *freedom fries* erklärten Kalorienbomben längst wieder French Fries und Porsche, Audi, Mercedes-Benz und BMW sind beim pekuniär potenten Bevölkerungssegment beliebter als je zuvor. In den acht Jahren, in denen der bei vielen Deutschen von Anfang an extrem beliebte Barack Obama die USA regierte, wurde das Verhältnis der beiden Regierungen nach einer anfänglichen Irritation zunehmend enger.[1] Obama betrachtete Merkel schließlich als seine wichtigste Verbündete in Europa und suchte sie auch bei einer Art Abschiedstournee im November 2016 auf. Die Medien interpretierten den über diesem Treffen liegenden Hauch von Wehmut eifrig als eine Art Stabübergabe, als ein liberales Vermächtnis. Nun sei es an Angela Merkel, so diese Lesart, angesichts eines aus der EU ausscheidenden Großbritannien und eines schwächelnden Frankreich die Gralshüterin liberaler Demokratieprinzipien zu sein.

Der scheidende US-Präsident dürfte gespürt haben, dass bei den etablierten europäischen Politikern, und hier vornehmlich bei seinen deutschen Partnern, der Trump-Schock tief sitzt und zu Reflexionen über die eigene politische Zukunft Anlass gibt. Die amerikanische Präsidentschaftswahl war immerhin binnen weniger Monate das zweite politische Großereignis nach dem Brexit, in dem populistische Strömungen und eine tief sitzende Aversion gegen etablierte Parteien, ihre Politiker und die Medien eine wenn auch knappe Mehrheit[2] der Wählerinnen und Wähler dazu brachte, alle Weltuntergangsszenarien und Ratschläge von Experten in den Wind zu schlagen und sich für die erkennbar unbequeme Alternative auf dem Wahlzettel zu entscheiden. Im Vereinigten Königreich verhallten die Appelle an wirtschaftliche Vernunft ebenso wie die Mahnungen in unzähligen Leitartikeln und Diskussionsrunden in den Mainstream-Medien der USA. Obwohl sie in einem regelrechten Stakkato die Charaktermängel des republikanischen Kandidaten auflisteten. Die Leitartikler addierten eifrig zusammen, welche gesellschaftlichen Gruppen der USA der Kandidat beleidigt habe, und kamen dabei leicht auf weit mehr als hundert Prozent der US-Bürger. Es nützte nichts – Frustration und Wut gegen die etablierte Politikerkaste, die kaum jemand so überzeugend verkörperte wie die demokratische Kandidatin Hillary Clinton, waren virulent. In Ohio, Pennsylvania und Michigan genauso wie in den Midlands und in Yorkshire.

An der Wahlurne einen derart drastischen Wandel einzuleiten, wie es die amerikanischen Wähler taten, ist aus deutscher Sicht in der Tat etwas Befremdliches, gar Erschreckendes – hier besteht ein gravierender Unterschied zwischen zwei der wichtigsten westlichen Demokratien. Denn die

Amerikaner warfen keineswegs zum ersten Mal das Steuer radikal herum – ungeachtet eines enormen Wirtschaftswachstums, einer niedrigen Arbeitslosigkeit und des Ausbleibens größerer, amerikanische Soldaten das Leben kostender internationaler Krisen während der Präsidentschaft Barack Obamas. Umgekehrt kann kaum ein politisch interessierter Amerikaner wirklich verstehen, wie eine Demokratie funktioniert, bei der die beiden größten, sich seit Gründung der Bundesrepublik eigentlich in Rivalität gegenüberstehenden Parteien immer wieder zusammen die Regierung bilden und sich in der sogenannten »Großen Koalition« über fast alles einig werden. Auch scheint man in Deutschland nie die Warnung von Thomas Jefferson gehört zu haben, wonach bei einem länger als vier Jahre amtierenden Staatenlenker schnell die Gefahr besteht, dass sich ein solcher auf Lebenszeit an der Macht zu halten suche. In den USA hat nach dem Zweiten Weltkrieg ein Verfassungszusatz endgültig die Regierungszeit eines Präsidenten auf maximal zwei Amtsperioden, also insgesamt acht Jahre begrenzt. Ähnliche *term limits* gibt es in vielen Bundesstaaten für Gouverneure. In Deutschland – Fehlanzeige. Obamas vermeintlich beste Freundin strebt bei Drucklegung dieses Buches eine vierte Amtszeit an, womit sie den Rekord von Helmut Kohl egalisieren würde. Zwei Personen für insgesamt 32 Jahre an der Macht – die USA hatten in einer vergleichbar langen, beliebigen Epoche, etwa zwischen 1838 und 1870, sage und schreibe elf Präsidenten. Zwischen 1901 und 1933 waren es immerhin noch acht Präsidenten. Wie heißt es so schön: Demokratie lebt vom Wechsel.

Unsicherheit über einen künftigen, von deutschen und europäischen Interessen möglicherweise divergierenden Kurs des transatlantischen Partners besteht indes nicht nur bei der Außen- und Sicherheitspolitik, bei der man Grund zu der Annahme hat, dass nach einer Wahl die schrillen Worte durch Pragmatismus abgelöst werden. Mit Sorge wird die Haltung eines großen Teils der politischen Klasse in den USA zu einem der wichtigsten Zukunftsthemen beobachtet: dem Umwelt- und Klimaschutz. Trump hatte noch vor seiner Kandidatur getönt, die anthropogene (also von Menschen und ihren Emissionen verursachte) globale Erwärmung gebe es nicht, sie sei ein *hoax*, ein Schwindel – das Wort lässt sich auch mit »Verarschung« übersetzen –, und eine Erfindung der Chinesen, um Amerikas Wirtschaft endgültig kaputt zu machen. Das wahrhaft Tragische ist weniger diese Einschätzung durch den 45. Präsidenten, bei der, wie bei vielen seiner Äußerungen, unsicher ist, ob er sie selbst glaubt – bald nach der Wahl äußerte er in der Tat erstmals kryptisch, dass die Wärmerekorde wohl doch etwas mit menschlichem Wirken zu tun haben könnten. Das Befremdliche liegt aber vielmehr in der Führungsschicht der Republikanischen Partei, in der das Leugnen der globalen Erwärmung Teil des politischen Glaubensbekenntnisses ist. Dies liegt nicht nur an einer gewissen Wissenschaftsfeindlichkeit, sondern vor allem an der sehr großen Nähe zahlreicher republikanischer (und auch einiger demokratischer) Mandatsträger zur *fossilfuel*-Industrie. Die Öl-, Kohle- und Gaskonzerne sind die fleißigsten Spender für viele Kongressabgeordnete, Senatoren und Gouverneure. Die bekanntesten Gesichter dieses Politikerkaufs sind die Brüder Charles und David Koch, die seit Jahren Millionen zur Unterstützung von klimawandelfeindlichen Kandidaten, Organisationen und Initiativen spenden. Abgesehen von diesem Geschäftsgebaren sind die beiden, das Lieblingsfeindbild der Liberalen Amerikas, allerdings keineswegs in jeder politischen Frage Reaktionäre. Sie unterstützten unter anderem die Bürgerrechtsorganisation American Civil Liberties Union in ihrem Kampf gegen den von der Regierung Bush nach den Terrorattacken vom 11. September 2001 durchgesetzten *Patriot Act*. David Koch ist ferner Sponsor der Hall of Human Origins im beliebten Smithsonian Museum of Natural History in Washington. Dort dreht sich alles um die Evolution des Menschen in den letzten sechs Millionen Jahren – und Evolution ist für das religiös-konservative Segment der amerikanischen Bevölkerung ein durch und durch sündhafter Gedanke, wurde doch gemäß der Bibel der Mensch in seinem heutigen Status am sechsten Tage erschaffen. Die *fossil-fuel*-Industrie zahlt indes nicht nur hohe Summen an Politiker, die Klimaschutz für unsinnig erachten, sondern setzt auch den amerikanischen Durchschnittsbürger einer kontinuierlichen, im Vorfeld von Wahlen an Intensität zunehmenden Propagandabeschallung aus. Fernseh-Werbespots von ölindustrienahen Organisationen wie dem American Petroleum Institute erzählen durchgängig die gleiche Mär: wie gesegnet Amerika doch sei, schier grenzenlose Energievorräte zu besitzen, die man nur zu nutzen brauche. Sprich: Wenn man nur in Nationalparks, anderem öffentlichen Land oder in ökologisch fragilen Regionen wie Alaska endlich unbegrenzt bohren und fördern dürfte und dazu noch mit der von Präsident Obama verhinderten Keystone-XL-Pipeline den dreckigen kanadischen Ölsand quer durch den Kontinent, über Frischwasserreservoirs, über indigenen Völkern heiligen Boden und durch Naturschutzgebiete bis zu den Raffinerien nach Texas pumpen könnte. All diese Spots kulminieren in einem Crescendo, welches dem Bürger das vermeintlich Heiligste verkündet, das wirtschaftliches Wachstum für die Allgemeinheit mit sich bringe: *jobs, jobs, jobs!*

Es ist gleichwohl ungerecht, »den Amerikanern« ein mangelndes Umwelt- und Klimabewusstsein vorzuwerfen. Viele US-Bürger sind sich der Herausforderung sehr wohl bewusst und versuchen, ihre Lebensumstände anzupassen. Die Zahl der durch Solarzellen auf dem Dach mit Strom versorgten Häuser nimmt rapide zu, nicht zuletzt, da dies – noch – steuerlich gefördert wird. Wo es ein vernünftiges öffentliches Nahverkehrsnetz gibt, wird dies mit Begeisterung vor allem von jüngeren Arbeitnehmern angenommen, die sich Besseres vorstellen können als einen Teil ihrer kreativsten Zeit im Dauerstau zu verbringen. Wie dies etwa auf praktisch allen Freeways im Großraum Los Angeles der Fall ist, einem aus verkehrspolitischer Sicht absolut albtraumhaften urbanen Moloch, auf allen gen Manhattan führenden Interstates und auf dem die Hauptstadt Washington wie einen Gürtel umgebenden *Beltway*. Leider ist in den USA ein solches Angebot die absolute Ausnahme und in der Tat sind es häufig ölindustrienahe Politiker, die zum Beispiel den Bau von Trassen für *high-speed trains* und *light rail*, also Straßenbahnen, verhindern.

Die Notwendigkeit eines effektiven Klimaschutzes sieht nach Umfragen eine deutliche Mehrheit der US-Bürger ein und dies nicht nur in liberalen Staaten mit einem hohen allgemeinen Bildungsniveau wie in Massachusetts und Maryland, wie in der Technologiehochburg Washington State im Pacific Northwest, der Heimat von Boeing, Microsoft und Starbucks, sondern auch in weiten Teilen des Heartlands. Farmer in Nebraska und Kansas wissen um die Auswirkungen von Durchschnittstemperaturen, die fast in jedem der letzten Jahre neue Rekordmarken erreichten. In Kalifornien, dem ultimativen Land einer besonders lockeren, hippen und *care-free*-Variante des *American Way of Life* ist Dürre zu einem derartigen Dauerzustand geworden, dass Gouverneur Jerry Brown, ein Demokrat, den man von seiner Philosophie her durchaus als Alt-Grünen bezeichnen könnte, erstmals den Wasserverbrauch rationieren ließ. Die Landwirtschaft ist allerdings von diesen Einschränkungen ausgenommen. Die Anordnung zielt vielmehr vor allem auf eine Manifestation des als typisch erachteten kalifornischen Lebensstils: das Haus mit saftig grünem Rasen, auf dem fast permanent die Sprinkleranlagen aktiv sind. Dazu gehört selbstredend ein Swimmingpool – und dies inmitten einer Landschaft, in der sonst bestenfalls Kakteen gedeihen. Ein großer Teil des Wassers wird über Aquädukte aus der Sierra Nevada, aus Bergseen und Gletscherregionen herangeleitet. Vielfach sind also die Schneemassen der Berge Ursprung des kalifornischen Trinkwassers. Doch im Winter 2014/15 lag die Schneemenge in den Bergen am Ostrand des Staates bei gerade einmal sechs Prozent des Normalen und verschärfte das seit Jahren bestehende Dürreproblem ganz dramatisch. Hier, im *Golden State*, bezweifelt niemand, der seiner oder ihrer Sinne Herr oder Herrin ist, die Existenz der globalen Erwärmung. Ebenso wenig im flachen Florida. Die Vision des durch die Erwärmung steigenden Meeresspiegels ist dort längst zu einem Schreckensszenario für die Immobilienbranche geworden – diese Tatsache dürfte dem sich womöglich formenden Verständnis Donald Trumps von den Gefahren des Klimawandels nur förderlich sein. Zahlreiche der fast die ganze Küstenlinie von Miami bis Jacksonville zierenden – oder verschandelnden – Apartmenthochhäuser mit ihren vielen Ferienwohnungen und Alterssitzen dürften in einigen Jahren nur noch per Boot zu erreichen sein. Schon heute wird so mancher Strandabschnitt mit Damm- und Schutzsystemen bebaut wie in den noch flacheren Niederlanden in den 1950er Jahren. Gut tausend Kilometer weiter nördlich, in der Chesapeake Bay, sind eine Reihe von kleinen, beschaulichen, auf Inseln gelegenen Orten inzwischen unter der Wasseroberfläche verschwunden. Die Leugnung des Klimawandels wird sehr wahrscheinlich den gleichen Weg gehen wie einst vor rund fünfzig Jahren die ebenfalls von einer mächtigen Industrie, *Big Tobacco*, finanzierte Kampagne zur Leugnung der karzinogenen Wirkung von Zigaretten. Aber bis diese Obstruktion durch Großkonzerne überwunden ist, wird Zeit vergehen. Und die Aussicht auf einen Kongress mit republikanischer Mehrheit in beiden Häusern hat Visionen entstehen lassen, wonach China – einst ein Verweigerer der Emissionsbegrenzung – nunmehr anstelle der USA, die unter Obama ein Wegbereiter internationaler Abkommen waren, die Führung beim globalen Klimaschutz übernehmen könnte.

Es ist jedoch weniger diese globale Herausforderung, welche die Amerikaner entzweit, als vielmehr eine tiefe Kluft aufgrund wirtschaftlicher, sozialer und intellektueller Ungleichheit, die zu einer massiven Polarisierung geführt hat, welche im und auch noch nach dem Wahlkampf von 2016 überdeutlich wurde. *Coming together as Americans*, die traditionelle Formel, wonach man als Amerikaner nach einer solchen Entscheidung wieder zusammenkommen müsse, ist mehr Wunschdenken als Wirklichkeit. Vor dem drei Wochen nach der Präsidentschaftswahl stattfindenden und normalerweise sehr friedlichen, bedächtigen Feiertag Thanksgiving gaben Zeitungen und Fernsehsendungen ihren Lesern und Zuschauern gar Ratschläge, wie man an der Tafel mit dem dampfenden Truthahn das Thema Politik am besten umschiffen könne. Der weithin angesehene CNN-*anchorman* Wolf Blitzer trat beispielsweise in einem durchaus witzigen Spot auf, in dem sein Wunsch, man möge ihm bitte das Salz für den Truthahn reichen, zu einer schnell eskalierenden Auseinandersetzung am *dinner table* führte. In den sozialen Medien gaben viele User Einblicke in ihr Seelenleben, offenbarten Zweifel, ob man überhaupt zum alljährlichen Familientreffen fahren sollte, da man selbst der einzige Clinton- oder der einzige Trump-Wähler innerhalb der gesamten

Verwandtschaft sei. An Voraussagen, wonach das Familienfest vielerorts in endgültige zwischenmenschliche Zerrüttung münden werde, mangelte es nicht. Ein Leser der *New York Times* schrieb, er habe seinen 99-jährigen Vater stets geliebt und bewundert – doch mit seiner Stimmabgabe für Donald Trump habe der alte Herr eine Linie überschritten und das werde er ihm wohl nie verzeihen können.

Die Wahl hat letztlich nur in besonderer Schärfe deutlich gemacht, was schon seit Langem existierte und sich nicht länger hinter irgendwelchen Rekordwerten des Dow Jones, dem medial so viel beachteten burschikosen Charme von Start-up-Idolen aus Silicon Valley und dem Medaillenspiegel von Olympischen Spielen verstecken ließ. Es gibt nicht *ein* Amerika, glanzvoll und stark und voller Helden. Es gibt *viele* Amerikas, die sich in dem denkbar größten Kontrast gegenüberstehen: das Land der Hochhäuser aus Marmor, Stahl und Glas hier, das Land mit teilweise verlassenen, verkommenen Provinzorten, reich an zugenagelten Schaufensterfronten dort. Es gibt das Amerika einer intellektuellen, weltweit vernetzten Elite und das andere, dessen Einwohner auf dem Globus den amerikanischen Kontinent zu finden nicht in der Lage sind und deren geistige Nahrung aus Sportsendungen und den Kardashians besteht. Es gibt – den seherischen Worten Martin Luther Kings zum Trotz, wonach einst die Menschen nach ihrem Charakter und nicht nach ihrer Hautfarbe beurteilt werden – nach wie vor ein »schwarzes Amerika«, so wie es auch eines der illegalen, überwiegend hispanischen Einwanderer gibt. Die Gegensätze zwischen den Superreichen und den erbärmlich Armen sind krasser als in jedem europäischen Land. Die Verbreitung von Schusswaffen und die Zahl deren Opfer sind exorbitant. Auf der Weltbühne sind die USA nach wie vor ein militärischer Gigant, daheim ist die Infrastruktur dringend überholungsbedürftig. Seit seiner Gründung vor gut 240 Jahren scheint in diesem Land alles ein paar Nummern größer zu sein als in der Alten Welt, im Guten wie im Schlechten. Weltuntergangsszenarien sind heute so wenig realistisch wie sie es in (noch) schwierigeren Zeiten waren: Die USA haben nicht nur ihre ganz großen Krisen – um 1860, nach 1929 sowie nach den turbulenten 1960er und frühen 1970er Jahren mit Vietnamkrieg, Watergate und der Ermordung herausragender Persönlichkeiten wie Martin Luther King, John F. und Robert Kennedy – überstanden, sondern sind aus ihnen gestärkt hervorgegangen. Die USA strahlen jenseits ihrer Landesgrenzen vielfältig aus, ganz besonders nach Europa, dem Kontinent der Vorfahren der Bevölkerungsmehrheit: politisch, wirtschaftlich, kulturell und nicht zuletzt im Konsumverhalten. Viele Europäer lehnen Amerikas Großmachtpolitik ab oder stehen ihr zumindest kritisch gegenüber und haben gleichzeitig ein Faible für amerikanische Filme und Freizeitmode, lieben ihr amerikanisches (wenn auch in China produziertes) iPhone und nutzen amerikanische soziale Medien wie Twitter und Facebook, ziehen den Service von Uber dem traditionellen Taxi vor, mögen Donald Trump und/oder Hillary Clinton nicht, schätzen aber Michelle Obama, Morgan Freeman und Bruce Springsteen.

Die USA beeinflussen so viele unserer Lebensbereiche – als Deutsche, Österreicher, Schweizer, als Europäer –, dass es vollkommen berechtigt ist, zu verfolgen, was sich »dort drüben« abspielt: im Weißen Haus und im Kongress, in Hollywood und an der Wall Street. Dieses Buch soll einige der Eigentümlichkeiten dieses großen Landes erklären und auch erzählen, wie Amerika und die Amerikaner zu dem wurden, was sie sind. Ob wir es mögen oder nicht – die USA bestimmen unser Dasein, unser Schicksal mit. Und zwar entscheidend.

1. Der Aufstieg eines fernen Landes: Kolonialzeit und Unabhängigkeit

Der aus dem Amt scheidende Präsident gab den Bürgerinnen und Bürgern des Landes eine Ermahnung mit auf den Weg, einen Fingerzeig für die Zukunft in einer von Krisen heimgesuchten Welt. »Es ist unsere beste Politik«, so der Präsident, »permanente Bündnisse mit irgendeinem Teil der übrigen Welt zu vermeiden.« Handel mit anderen Nationen – ja. Eine Allianz, in welcher andere Staaten und Regierungen Einfluss auf die Politik der Vereinigten Staaten nehmen würden – nein. Vor allem aus Konflikten in Europa sollten sich die USA tunlichst heraushalten. Und noch eine Warnung hatte er für die Amerikaner parat, nämlich die vor einem »aufgeblähten militärischen Establishment, das unter jeder Regierungsform wenig Gutes verheißt, aber ganz besonders im Widerspruch zu den Freiheiten einer Republik steht«.

Immer wieder haben Amerikaner diese Worte und den vom damaligen Präsidenten gebrauchten Begriff *entangling alliances* – umschlingende, die Nation der Bewegungsfreiheit beraubende Bündnisse – zitiert, wenn vor einer Einmischung in fernen Krisenregionen gewarnt wurde, ob im Nahen Osten oder in Südostasien. Oder eben in Europa, wo Bemerkungen des 45. Präsidenten Donald Trump während des Wahlkampfes 2016 so interpretiert wurden, als stünden die USA unter seiner Führung nicht mehr bedingungslos zu ihren Verpflichtungen innerhalb der NATO, als seien vor allem die osteuropäischen Partner wie die drei baltischen Staaten und

Polen durch ein mögliches Nachlassen amerikanischer Sicherheitsgarantien einem aggressiven Russland zunehmend schutzlos oder zumindest mit abgeschwächtem Schutz ausgeliefert.

Die viel zitierte Vorgabe stammt aus dem Jahr 1796. Der erste Präsident der USA, George Washington, formulierte diesen und noch eine Reihe weiterer Ratschläge in einem Kontext, den man heute als Abschiedsansprache bezeichnen würde, der damals allerdings keine öffentliche Rede, sondern ein Brief »An die Menschen in den Vereinigten Staaten« war, welcher im September jenes Jahres, wenige Wochen vor der Wahl des Nachfolgers, in einer Zeitung abgedruckt wurde. Washington, der siegreiche Oberbefehlshaber im Unabhängigkeitskrieg gegen die Kolonialmacht Großbritannien, war 1789 in das neu geschaffene Amt gewählt worden und erfreute sich als »Vater der Nation« einer hohen Zustimmung durch die Bevölkerung. Es hätte ihn gefreut zu erfahren, dass sein Entschluss, nach zwei Amtsperioden – also nach insgesamt acht Jahren – freiwillig auf eine neuerliche Wiederwahl (die er zweifelsohne gewonnen hätte) zu verzichten, allen seinen Nachfolgern bis auf eine Ausnahme eine Richtschnur gewesen ist. Auch populäre Präsidenten traten in den nächsten eineinhalb Jahrhunderten nach maximal zwei Amtszeiten ab, seit den frühen 1950er Jahren ist es durch eine Verfassungsergänzung zwingend. Die eine Ausnahme von der Regel wird uns im Zweiten Weltkrieg begegnen.

Genugtuung hätte bei George Washington auch die Kenntnis ausgelöst, dass zahlreiche der seiner Regierung nachfolgenden Administrationen sich in der Tat von Bündnissen fernhielten. Zwar griffen die USA in mehrere Konflikte, etwa die beiden Weltkriege, ein und wurden damit Verbündete unter anderem von Großbritannien, Frankreich und Russland bzw. der Sowjetunion, doch eine Allianz in Friedenzeiten mit amerikanischer Beteiligung, sogar unter amerikanischer Führung, gab es erst 1949 mit der North Atlantic Treaty Organisation (NATO). Verdruss hingegen bereitete es dem Gründervater, einem Mann, der größten Wert auf Takt, Form und Höflichkeit legte, noch zu Lebzeiten mit ansehen zu müssen, wie seine Landsleute eine weitere Warnung in den Wind schlugen: jene vor der Entstehung politischer Parteien, die er für ein Übel hielt. Bereits unter seinem Nachfolger John Adams bildeten sich zwei Lager, die einander beinahe noch feindseliger gegenüberstanden als Republikaner und Demokraten im 21. Jahrhundert. Die Porträts aus den späteren Lebensjahren George Washingtons, von denen eines die Ein-Dollar-Note ziert, scheinen eine gewisse Verärgerung in des ersten Präsidenten Physiognomie widerzuspiegeln. Doch Washingtons oft angestrengte, fast abweisende Miene auf den Kunstwerken rührt von einer Qual her, die ihn über Jahre peinigte: der Präsident hatte chronische Zahnschmerzen. In den letzten Lebensjahren war ihm nur noch ein natürlicher Zahn verblieben. Seine berühmten und heute in Museen wie seinem Landsitz Mount Vernon ausgestellten Prothesen, angefertigt aus den Zähnen von Flusspferden, halfen wenig. Der erste Präsident erinnert den heutigen Betrachter mit dieser Leidensgeschichte daran, wie wenig gut die vermeintlich »gute, alte Zeit« vor Industrialisierung, Ellenbogengesellschaft und Konsumterror war. Bei gesundheitlichen, vor allem dentalen Problemen war es mit der Idylle schnell aus.

Die von George Washington angemahnte Distanz zu Europa und seinen Verwicklungen (die asiatische Welt lag in den 1790er Jahren noch weitgehend außerhalb des außenpolitischen Horizontes der jungen USA) entsprach der Mentalität, welche Menschen aus Europa überhaupt nach Nordamerika getrieben hatte. Es waren religiöse Diskriminierung und Verfolgung, die soziale Ungerechtigkeit der feudalistischen Gesellschaften, Hunger, Unterdrückung und Aussichtslosigkeit, die im 17. und 18. Jahrhundert Engländer und Iren, Skandinavier und Deutsche veranlassten, ihre angestammte Heimat zu verlassen und auf dem fernen Kontinent ein neues Leben zu beginnen. Jamestown, die erste dauerhafte englische Siedlung auf dem Gebiet der heutigen USA, entstand 1607 in einer Kolonie, die man zu Ehren der langjährigen und vermeintlich jungfräulichen Königin Elisabeth I. (die Queen regierte 1553 bis 1603) Virginia nannte. Der von 104 Siedlern gegründete Ort war indes nicht die erste permanente europäische Siedlung auf dem Territorium der späteren Vereinigten Staaten. Dieses Prädikat gebührt dem 1565 von Spaniern (als San Agustín) gegründeten Saint Augustine in Florida. Im gleichen Jahr wie Jamestown wurde mehr als 2000 Kilometer weiter westlich Santa Fe angelegt – im Gegensatz zu Jamestown, das heute mehr Museumsdorf als reale Gemeinde ist, fungiert das für seine Kunstszene und sein von indigener Architektur beeinflusste Santa Fe heute jedoch als Hauptstadt eines der fünfzig Bundesstaaten (New Mexico).

Die berühmteste Gruppe von Auswanderern kam 1620 auf der *Mayflower* im Nordosten, in der künftigen Kolonie Massachusetts, an. Die rund hundert Puritaner waren der religiösen Intoleranz in ihrer Heimat England entflohen, um eine neue Gemeinde in Amerika zu gründen, wo sie ihren Glauben unbehelligt von Staatskirche und Autoritäten ausüben konnten. Mit dem *Mayflower Compact* schufen sie nach Gründung ihrer neuen Heimat, Plymouth, eine Art Gesellschaftsvertrag, der als eine Vorform demokratischer Selbstverwaltung gelten kann. Die Entbehrungen im harschen Winter, die Opfer durch Seuchen und Unterernährung sind die bedrückenden Seiten in den Annalen dieser Kolonisierung. Die märchenhaft verklärte Kooperation mit den Eingeborenen, den von den Europäern »Indianer« genannten ursprünglichen Amerikanern *(Native Americans)*, war wie auch anderenorts beim Zusammenprall der Kulturen nicht von Dauer. Der Mythos des amerikanischen Erntedankfestes Thanksgiving geht in Teilen auf diese zunächst freundliche Begegnung zurück. Ein anderer Mythos ist die Rolle von Plymouth und den Pilgervätern als Keimzelle der USA. Von den Passagieren der *Mayflower* tatsächlich oder vermeintlich abzustammen, war viele Jahre lang eine Art Ersatz-Adelstitel in Neuengland. Mit der religiösen Toleranz war es bei den Pilgervätern und -müttern selbst allerdings nicht allzu weit her. Doch das Territorium entlang der Ostküste Nordamerikas, das in den nächsten Jahrzehnten unter britische Kontrolle geriet, bot Platz genug, um sich aus dem Weg zu gehen. Andersgläubige gründeten ihre eigenen, oft von den Nachbarn isolierten Kolonien. Die in England diskriminierten und zeitweilig regelrecht verfolgten Katholiken beispielsweise ließen sich entlang der Chesapeake Bay nieder und etablierten dort die Kolonie Maryland.

Die englische Mentalität und das Bevölkerungswachstum in den Kolonien erwies sich nicht nur gegenüber den Indianern als aggressiv und meist rücksichtslos, sondern auch gegenüber den Kolonialisierungsversuchen anderer europäischer Nationen. Es galt das Recht des Stärkeren. Die schwedische Kolonie Nya Sverige im heutigen Delaware und südlichen New Jersey wurde von den Niederländern geschluckt, bevor diese ihrerseits vor den Briten kapitulieren mussten: 1664 übernahmen die militärisch überlegenen Engländer die kleine, aber zukunftsträchtige Handelsmetropole am Hudson River und änderten den Namen der Stadt von Nieuw Amsterdam in New York. Weniger einfach war es mit den Kolonien des sich in Europa zunehmend als Erzrivale der britischen Interessen erweisenden Frankreich. Mit den in Neufrankreich, dem späteren Kanada, in einer Reihe von Außenposten im heutigen Mittleren Westen und an der Mündung des Mississippi in New Orleans siedelnden Franzosen lieferten sich die Briten nicht wenige Scharmützel bis hin zu regelrechten Kriegen. Mit der Eroberung Kanadas im *French and Indian War*, der nordamerikanischen Variante des Siebenjährigen Krieges (1756–1763), war fast der gesamte östliche Teil des nordamerikanischen Kontinents unter britische Herrschaft gekommen. Es war ein riesiges Kolonialreich, das indes nicht von Dauer sein sollte.

Fernab der Regierung in London erblühte in den 13 englischen Kolonien von Massachusetts und New Hampshire im Norden (der heutige, am weitesten nordöstlich gelegene Bundesstaat Maine war noch Teil von Massachusetts) bis nach Georgia im Süden eine Selbstverwaltung und Vorform der Demokratie. Die Kolonien hatten – meist unter den wachsamen Augen des von der britischen Regierung ernannten und nach Übersee geschickten Gouverneurs – eigene Volksvertretungen, in welcher sich Repräsentanten der besitzenden Klassen trafen. Das Parlamentsgebäude der ältesten Kolonie Virginia beispielsweise ist heute eine der markantesten Sehenswürdigkeiten in der detailgetreu rekonstruierten Museumsstadt Williamsburg, welches bis ins späte 18. Jahrhundert die Hauptstadt Virginias war, bevor es von Richmond abgelöst wurde.

In den englischen Kolonien herrschte ein für europäische Verhältnisse ungewöhnliches Maß an persönlicher Freizügigkeit; ausgenommen waren jene Individuen an der Basis der gesellschaftlichen Pyramide, die Sklaven und die *indentured servants*, die Weißen, die sich – nicht selten als Entgelt für die Überfahrt – einer Zwangsknechtschaft unterworfen hatten. Auch war im späteren Verlauf des 18. Jahrhunderts eine selbst im Vergleich zu florierenden europäischen Staaten wie den Niederlanden und England beträchtliche Prosperität offenkundig. Viele Deutsche zog es vom späten 17. Jahrhundert an in die Neue Welt, lange vor der großen Auswanderungswelle ab den 1840er Jahren. Die erste deutsche Siedlung entstand um 1640 unter dem Namen Germantown unweit von Philadelphia und Pennsylvania blieb auch in den Jahren bis zur Unabhängigkeit das wichtigste Ziel deutscher Auswanderer. Bei Ausbruch des Unabhängigkeitskrieges 1775 hatte ein Drittel der Bevölkerung dieser großen Kolonie deutsche Wurzeln. Insgesamt sollen bis zu diesem Zeitpunkt rund 100 000 Deutsche in die englischen Kolonien mit ihrer Gesamteinwohnerzahl von gut zwei Millionen emigriert sein.

Europäische Reisende waren von einem ganz bestimmten Zeichen der gesunden wirtschaftlichen Situation in den Kolonien besonders beeindruckt: von den erblühenden und im Vergleich zu London und Paris auch recht sauberen Städten. Boston und New York im Norden, Charleston im Süden waren bedeutende Handelsmetropolen. Allerdings wurden sie alle von dem zwischen dem Delaware und dem Schuylkill River angelegten Philadelphia übertroffen. Die Hauptstadt Pennsylvanias war – nach London – die zweitgrößte Stadt der englischsprachigen Welt. Hier versammelten sich 1774 erstmals Abgesandte aller Kolonien in einem »Kontinentalkongress«. Grund war der eskalierende Streit mit dem Mutterland Großbritannien. Nach dem Sieg über Frankreich 1763 beschloss die Regierung in London, die so erkennbar wohlhabenden Untertanen in Übersee für die immensen Kosten des Krieges zur Kasse zu bitten – kein ganz unlogischer Gedanke, profitierten die Kolonien und die hier tonangebenden Handelsherren, Großgrundbesitzer inklusive Grundstücksspekulanten und auch die Farmer ganz entscheidend davon, dass die feindseligen französischen Nachbarn besiegt waren. Doch die Steuern und Zölle, die man im fernen London ausrief, fachten einen im Kabinett von St. James kaum erwarteten Widerstand an. Unter dem Schlachtruf *No taxation without representation!* beharrten die Sprecher der Protestbewegung, deren Anhänger bald als »Patrioten« im Gegensatz zu den englandtreuen »Loyalisten« (auch: »Tories«) galten, auf ein Mitspracherecht. In der Tat saß kein Vertreter der Kolonien im House of Parliament zu Westminster an der Themse.

Die Konfrontation eskalierte. Am 5. März 1770 schossen britische Soldaten in Boston auf Demonstranten und töteten fünf von ihnen – die Episode ging als *Boston Massacre* nicht nur in die Geschichte ein, sondern diente auch der Propaganda der Patrioten. Amerikas Credo der Rechtmäßigkeit des Widerstandes gegen Tyrannen hat an jenem Wintertag von Boston eine ihrer Wurzeln. Die Briten verhängten das Kriegsrecht über die Stadt und schickten Truppen, sodass schließlich ein Viertel der Einwohnerschaft aus »Rotröcken« oder *Lobsterbacks* – so genannt wegen der roten Uniformen der englischen Soldaten – bestand. Die Patrioten organisierten einen bewaffneten Widerstand mit den örtlichen Milizen als seinem harten Kern. Der Versuch des britischen Militärs, ein Waffenlager der (aus englischer Sicht) »Rebellen« in einem kleinen Ort nahe Boston namens Concord auszuheben, führte auf dem Marsch dorthin in den frühen Morgenstunden des 19. April 1775 zum ersten Gefecht zwischen der britischen Armee und den Kolonisten. Oder, wie sie sich nun immer häufiger nennen sollten, den Amerikanern.

Der in Philadelphia tagende erste Kontinentalkongress beschloss, Solidarität mit Boston und der bedrängten Kolonie Massachusetts zu zeigen und stellte eine Armee auf. Das Kommando über die *Continental Army* übertrug man der einzigen Persönlichkeit in der kolonialen Führungsschicht mit militärischer Erfahrung, einem 42-jährigen Pflanzer aus Virginia namens George Washington. Diesem war klar, dass ein langer Konflikt bevorstand: Tatsächlich dauerte der Amerikanische Unabhängigkeitskrieg fast acht Jahre, von 1775 bis 1783.

Washington, für den Pflichterfüllung auch unter widrigen Umständen eine Leittugend war, machte sich keine Illusionen, wie schwer bis unmöglich es sein würde, aus einer Schar von Freiwilligen, aus Farmern und Handwerkern, aus Buchhaltern und auch einigen Akademikern eine Armee zu formen, die der mächtigsten Militärmaschine der damals bekannten Welt die Stirn bieten könnte. Die Kolonisten beschritten einen Weg, von dem – so wurde zunehmend deutlich – es kein Zurück mehr geben würde. Eine kleine Schrift des aus England eingewanderten politischen Pamphletisten Thomas Paine unter dem Titel *Common Sense* wurde zu Beginn des Jahres 1776 mit 120 000 Exemplaren bei einer Bevölkerung von gut zwei Millionen ein wahrer Bestseller.[1] Paine drückte auf den 47 Seiten den bislang undenkbaren Wunsch aus: *Independence*, Unabhängigkeit. Die Kolonien müssten sich als souveräne Nation etablieren; als Staatsform kam für ihn nur die Republik infrage. In Europa eine Rarität.

Und so geschah es. Nach wochenlangen Beratungen und teilweise hitzigen Diskussionen über das von einem fünfköpfigen Komitee des Kongresses und hier vor allem von dem jungen virginischen Anwalt Thomas Jefferson entworfene Konzept einer Unabhängigkeitserklärung nahmen die Vertreter der 13 Kolonien an ihrem Tagungsort im Herzen Philadelphias – der seither Independence Hall heißt – am 2. Juli 1776 den Antrag an. Es gab keine Gegenstimme. Zwei Tage später, am 4. Juli (seither der Nationalfeiertag der USA) öffentlich verkündet, erklärten sich die 13 Kolonien für unabhängige »Vereinigte Staaten von Amerika«. Die politische Philosophie der Gründer des neuen Staatswesens spiegelt die berühmteste Passage des heute in den National Archives in Washington aufbewahrten Dokumentes wider: »Wir halten diese Wahrheiten für selbstverständlich, dass alle Menschen gleich erschaffen sind und dass sie von ihrem Schöpfer mit gewissen unveräußerlichen Rechten ausgestattet sind; zu diesen gehören Leben, Freiheit und das Streben nach Glück.«

Es folgten auch Rückschläge. Der Kongress musste vor den anrückenden Briten aus Philadelphia fliehen und in anderen Städten Unterschlupf suchen – so wurde unter anderem das bescheidene York in Pennsylvania vorübergehend Hauptstadt der USA, ebenso wie in der Endphase des Krieges das pittoreske Annapolis in Maryland. Wie nur wenige seiner Zeitgenossen hatte George Washington verstanden, dass die Briten niemals den Krieg gewinnen konnten, indem sie das ganze riesige Land besetzten – dafür fehlte selbst dieser Großmacht die *manpower*, auch wenn die Regierung in London deutsche Söldner, vor allem aus Hessen, anwarb, um für König Georg III. zu kämpfen. Ein Sieg war für Großbritannien nur auf eine Weise möglich: durch die Zerschlagung der Kontinentalarmee. Diese immer wieder der britischen Übermacht zu entziehen war das Verdienst Washingtons in diesem langen Konflikt. Das berühmte Winterlager von Valley Forge 1777/78 war allerdings ein Tiefpunkt. Ein Tiefpunkt jedoch, der in der Folge verklärt wurde. Denn – so die Mythologie der USA – dort offenbarten sich die amerikanischen Grundeigenschaften, die man an sich selbst nicht genug bewundern kann: auch in aussichtsloser Lage nicht aufzugeben, die Fähigkeit des Comeback, das Ergreifen einer *second chance*, welche Amerika nach seinem Selbstverständnis schließlich auch jedem Neuankömmling bietet. Als der harsche Winter zu Ende ging, gab es Zeichen der Wende: Ein Deutscher, der in Magdeburg geborene Friedrich Wilhelm von Steuben, wurde zum Drillmeister und formte die amerikanische Armee unter Washingtons zufriedener Aufsicht zu einer professionellen Streitmacht. Weltpolitisch entscheidender noch: Ab Frühjahr 1778 hatten die Amerikaner endlich einen starken Verbündeten. Frankreich trat auf Seiten der USA in den Krieg ein. Freilich geschah dies nicht aus Begeisterung für republikanische Ideale – diese verabscheute man in der Regierung Ludwigs XVI. genauso wie im gleichfalls bald mit den USA verbündeten Spanien –, sondern aufgrund eines innigen Wunsches nach *payback*, nach Revanche an den im vorangegangenen Konflikt siegreichen Briten.

Die Franzosen lieferten nun nicht nur offiziell Waffen nach Amerika – das hatte im (Halb-)Geheimen schon bald nach Beginn des Unabhängigkeitskrieges Pierre-Augustin Caron de Beaumarchais, der Schöpfer des *Barbiers von Sevilla* und der *Hochzeit des Figaro*, organisiert –, sondern schickten auch eine Flotte unter dem Kommando des Admirals de Grasse und ein Expeditionskorps unter dem Befehl des Generals Rochambeau. Mit vereinten Kräften gelang es Washington und Rochambeau im Oktober 1781, die Armee des britischen Generals Lord Cornwallis bei Yorktown an der Küste Virginias einzukesseln. Es war eine der seltenen Gelegenheiten in der britischen Geschichte, bei der die übliche Überlegenheit der Royal Navy nichts nützte. Denn die französische Flotte blockierte die Küste effektiv und schnitt Cornwallis den Rückzug zur See ab. Cornwallis kapitulierte am 19. Oktober. Die Entscheidung im Amerikanischen Unabhängigkeitskrieg war gefallen. Von angemessenem Symbolgehalt war zudem, dass die britische Militärkapelle bei der Niederlegung der Waffen das alte Soldatenlied *The World Turned Upside Down* spielte. Als die Nachricht in London Ende

November eintraf, klagte Premierminister Lord North: »Oh Gott! Es ist alles vorbei!« Seine Lordschaft hätten sich nicht allzu sehr grämen sollen; das British Empire hatte seine besten Jahre im 19. Jahrhundert noch vor sich.

2. Die junge Nation:
Eine konfliktreiche Geschichte

Nach dem offiziellen Friedensschluss, den die bisherigen Kriegsgegner am 3. September 1783 in Paris unterzeichneten, war von *unity* bei den 13 Staaten zunächst nicht viel zu spüren. Es gab unterschiedliche Parlamente, unterschiedliche Währungen und auch Zölle zwischen den ehemaligen Kolonien. Erneut in Philadelphia und erneut in der Independence Hall kamen 1787 Vertreter der Staaten zusammen, um sich eine Verfassung zu geben – sie ist, mit Zusätzen und Änderungen, noch heute gültig und fand später Nachahmer in zahlreichen Ländern, darunter in nicht wenigen anderen amerikanischen Nationen, die im frühen 19. Jahrhundert von ihren bisherigen Kolonialmächten Spanien und Portugal unabhängig wurden. Als Exekutive schuf die *U.S. Constitution* ein starkes Präsidentenamt, das auf George Washington zugeschnitten war. Der erfolgreiche Oberbefehlshaber hatte die neue Nation auf einen guten Weg gebracht, als er am 23. Dezember 1783 vor dem in Annapolis tagenden Kongress freiwillig sein Kommando niederlegte und so die Suprematie einer zivilen Regierung über das Militär symbolisierte. Es war ein Novum, ein gutes Omen, hatten in der Vergangenheit erfolgreiche Feldherren – man denke an Cäsar, an Cromwell – doch allzu gern die Macht an sich gerissen. Beim Verbündeten Frankreich würde dies binnen weniger Jahre ein junger, aus Korsika stammender Offizier namens Napoleone Buonaparte tun.

Zu Beginn des neuen Jahrhunderts beeindruckte die Amerikaner ebenso wie die erstaunten europäischen Beobachter der friedliche Regierungswechsel. Dieser wurde als zweites gutes Omen betrachtet. In der neuen, noch eine große Baustelle darstellenden Hauptstadt Washington (der Gründervater war auf seinem Anwesen Mount Vernon im Dezember 1799 sanft entschlafen) ging die politische Macht von der föderalistischen Partei, die im Spätherbst des Jahres 1800 die Wahlen verloren hatte, auf die siegreichen Republikaner (nicht zu verwechseln mit der heutigen Partei gleichen Namens) über. Der Föderalist und zweite Präsident John Adams war abgewählt. Sein Konkurrent, der Republikaner Thomas Jefferson, wurde am 4. März 1801 ins Amt eingeführt. Die in der Menge stehende Margaret Bayard Smith, die Frau eines Zeitungsverlegers, war sich der historischen Bedeutung dieses Ereignisses bewusst, als sie schrieb: »Ich habe an diesem Morgen eine der interessantesten Szenen miterlebt, die ein freies Volk überhaupt bezeugen kann. Der Wechsel einer Administration, der in jedem Regierungssystem und in jeder Epoche stets eine Phase der Konfusion, der Schurkerei und des Blutvergießens war, hat in unserem glücklichen Land ohne eine Andeutung von Ablenkung oder Unordnung stattgefunden.«[1] Ein kleiner Wermutstropfen an diesem in der Tat für die Geschichte der Demokratie glorreichen Tag: Der scheidende Präsident John Adams war so schlecht auf seinen Nachfolger zu sprechen, dass er am Tag von dessen Inauguration morgens um vier Uhr im Mondschein eine Kutsche bestieg und sich auf die lange Reise ins heimische Boston begab. Seither allerdings gehört es zur Zelebrierung der amerikanischen Demokratie, dass der ausscheidende Präsident der Amtseinführung seines Nachfolgers beiwohnt, mit welchen Gefühlen auch immer.

Die große Vorgabe von George Washington indes, keine

Bündnisse einzugehen und nicht in die Händel der Alten Welt hineingezogen zu werden, erwies sich als Schimäre. Dies hatte schon John Adams lernen müssen, während dessen Präsidentschaft sich das Verhältnis zum ehemaligen Verbündeten Frankreich so drastisch verschlechterte, dass man 1798 von einem *Quasi-War*, einem Beinahe-Krieg sprach. Frankreich war nicht wiederzuerkennen: Aus der absolutistischen Monarchie war eine radikale Republik geworden, die zeitweise danach strebte, ihre revolutionären Ideale zu exportieren. Dabei entstand, hier sei es am Rande vermerkt, das erste auf bürgerlich-demokratischen Grundsätzen basierende Staatswesen auf deutschem Boden – die nur wenige Monate im Jahr 1793 existierende Mainzer Republik. Der stets klamme amerikanische Kongress hatte den Systemwechsel in Frankreich zum Anlass genommen, auf eine Rückzahlung der aus dem Unabhängigkeitskrieg herrührenden Schulden zu verzichten und damit das in Paris herrschende Direktorium aufs Äußerste verärgert.

Um Geld ging es auch beim ersten wirklichen Konflikt nach Etablierung der Vereinigten Staaten als souveräne Nation. Die heute oft als »Weltpolizist« bezeichnete Rolle der USA als international agierende und gegebenenfalls auch intervenierende Macht nahm im ersten Jahrzehnt des 19. Jahrhunderts ihren Anfang. Es war gleichzeitig auch der Beginn der langen Geschichte von Verwicklungen der USA in die Machtverhältnisse des Nahen Ostens und der Konfrontation mit muslimischen Antagonisten.

An der Nordküste des afrikanischen Kontinents existierten vier Staatsgebilde, die nominell zwar zum Osmanischen Reich gehörten, de facto aber unabhängig waren. Es waren von West nach Ost Marokko, Algier, Tunis und Tripolis. Im Englischen nach den sie besiedelnden Berbern als *Barbary States* (deutsch: Barbareskenstaaten) bezeichnet, waren diese

Länder entlang des Maghreb und der Südküste des Mittelmeeres aus europäischer Sicht eine Geißel des internationalen Handels. Sie waren Heimstatt von Piraten, die seit mehreren Jahrhunderten Handelsschiffe überfielen und Besatzungen wie Reisende gefangen nahmen. Diese wurden, so sie begütert waren, erst gegen erhebliche Lösegeldzahlungen freigelassen oder, waren sie mittellos, auf lokalen Sklavenmärkten verkauft.

Zahlreiche europäische Länder kauften sich mit Tributzahlungen an den jeweiligen Pascha von den Heimsuchungen durch die mit diesem kooperierenden Piraten und Menschenhändler frei. Die jungen USA mussten wohl oder übel diesem Beispiel folgen. Vor der Unabhängigkeit hatte die mächtige Royal Navy die Schiffe amerikanischer Händler geschützt. Diese Protektion fiel nach der Loslösung von England weg. Gegen Ende des 18. Jahrhunderts wurde deutlich, dass der pekuniäre Kotau keine Sicherheit für amerikanische Schiffe bedeutete. Die Forderungen der Barbareskenstaaten wurden immer drastischer, sodass die Zahlungen fast zehn Prozent des amerikanischen Bundeshaushaltes ausmachten. 1784 noch hatte Thomas Jefferson an seinen Freund, den späteren fünften Präsidenten James Monroe mit patriotischem Wunschdenken geschrieben: »Wir müssen eine Seemacht werden, wenn wir unseren eigenen Handel betreiben wollen.« Zehn Jahre später traf der Ausruf von Robert Goodloe Harper, einem Kongressabgeordneten aus South Carolina, die Stimmung der Nation: »Millionen für die Verteidigung, keinen Cent für Tribute!« Man kann darin eine Vorform späterer Bekundungen sehen, mit Terroristen nicht zu verhandeln. Der Konflikt mit Nordafrika von 1800 bis 1815 hatte im Übrigen durchaus modern anmutende Aspekte: Die Gegenseite sprach ganz offen von einem Heiligen Krieg gegen Ungläubige.

Am 27. März 1794 unterzeichnete Präsident Washington einen Gesetzentwurf, der den Bau von sechs modernen Fregatten vorsah – die Keimzelle der heutigen U.S. Navy, dem global eingesetzten Machtinstrument der Vereinigten Staaten. Thomas Jefferson, der von einer arkadischen Republik der Farmer und Händler mit möglichst wenig Kontakt zur sündhaften Alten Welt träumte, musste dieses Machtinstrument einsetzen und als erster amerikanischer Präsident einen Auslandseinsatz befehlen. Unmittelbar nach seinem Amtsantritt als dritter Präsident im März 1801 stoppte Jefferson die Schutzgeldzahlungen, was der Pascha von Tripolis, Yusuf Karamanli, umgehend mit einer Kriegserklärung an die USA beantwortete. Jefferson schickte ein Geschwader in Richtung Mittelmeer, zur »Observation«, wie es offiziell hieß, bestehend aus den drei Fregatten *President, Philadelphia* und *Essex* und dem Schoner *Enterprise.* Letzterer führte das erste Seegefecht der USA seit Erlangung ihrer Unabhängigkeit durch, im weiteren Sinne die erste militärische Aktion der jungen Macht auf der globalen Bühne überhaupt. Die *Enterprise* unter dem Kommando von Leutnant Andrew Sterett eroberte am 1. August 1801 das Korsarenschiff *Tripoli.* Die Gazetten in den USA kündeten von dem Triumph, in New York feierte ein Bühnenstück, *The Tripoli Prize,* umjubelte Premiere.

Wie so manche moderne Intervention der USA, wurde es ein langer Konflikt, in dem daheim mehrfach diskutiert wurde, ob das teure militärische Engagement wirklich Sinn mache. Ein Novum, das sich in der Moderne allzu oft wiederholen sollte und zu einem uramerikanischen Trauma wurde, hielt der ferne Konflikt bereit: die Geiselname von Amerikanern durch muslimische Terroristen bzw. Piraten. Bei der Verfolgung eines tripolitanischen Piratenschiffes lief die *Philadelphia* am 31. Oktober 1803 auf eine auf den Seekarten nicht verzeichnete Sandbank vor Tripolis. Alle Versuche, die Fregatte zu befreien, scheiterten. Captain William Bainbridge und 306 Besatzungsmitglieder ergaben sich den Tripolitanern. Fast zwei Jahre verbrachten sie in den Kerkern des Paschas und als seine Zwangsarbeiter; ein Schicksal, das wie ein Vorläufer der langen Geiselhaft amerikanischer Diplomaten in Teheran von 1979 bis 1981 wirkt. Beinahe ebenso schlimm für die US-Marine: Nur wenige Tage später kam ein Sturm auf und befreite die von den Tripolitanern eingenommene *Philadelphia* aus ihrer Lage. Die Barbaresken verfügten nun über ein modernes Kriegsschiff, das sie zweifellos ausrüsten und gegen die Amerikaner verwenden würden.

Diese Gefahr inspirierte die amerikanische Marine zu einem kühnen Kommandounternehmen, quasi dem Vorläufer heutiger Operationen von Special Forces, wie sie unter anderem 2011 weltweite Aufmerksamkeit erregten, als sie den Terroristenführer Osama bin Laden in seinem Versteck in Pakistan aufspürten und Präsident Barack Obama am nächsten Abend in einer Fernsehansprache an die Nation sagen ließen: *Justice has been served*. Mehr als zweihundert Jahre zuvor, am Abend des 16. Februar 1804 näherte sich im fahlen Mondlicht ein Zweimaster langsam der vor Tripolis vor Anker und im Schutz der Kanonen der örtlichen Hafenfestung liegenden *Philadelphia*. Das Schiff war erkennbar nordafrikanischer Bauart und hieß einst *Mastico* – bevor es von der US-Marine aufgebracht und in *Intrepid* umgetauft wurde. Der an Deck stehende Lotse, ein Sizilianer, rief den Wachen auf dem großen Schiff auf Arabisch zu, man habe im Sturm tags zuvor den Anker verloren und erbitte, an der *Philadelphia* vertauen zu dürfen. Unter Deck des Zweimasters wartete Leutnant Stephen Decatur jr. angespannt mit sechzig amerikanischen Marines und Matrosen. Kaum hatte das kleine Fahrzeug an der *Philadelphia* angelegt, stürmten Decatur und seine Männer das Schiff. Binnen Kurzem waren die Tripolitaner an Bord getötet oder geflohen. Die Amerikaner hatten Brandsätze mitgebracht und legten auf verschiedenen Decks Feuer. Dann verließen sie das ehemals amerikanische Kriegsschiff und entkamen auf der *Intrepid* dem nun einsetzenden Feuer der Festungsgeschütze. Die *Philadelphia* stand in Flammen; die Hitze ließ die geladenen Bordgeschütze selbsttätig feuern, sodass die Fregatte in einem letzten Akt vor ihrer Zerstörung eine geradezu gespensterhafte Breitseite in die Stadt ihrer vorübergehenden Besitzer feuerte. Das Kommandounternehmen, bei dem lediglich ein Amerikaner verletzt wurde, bedeutete für die amerikanische Flotte wie für die Bürger daheim einen psychologischen Adrenalinstoß. Die USA hatten sich erstmals in Übersee Respekt verschafft und kein Geringerer als der britische Admiral Horatio Nelson, der gerade den französischen Kriegshafen Toulon blockierte, nannte Decaturs Handstreich »den kühnsten und wagemutigsten Akt des Zeitalters«. Noch heute gilt er als vorbildlich im Umgang mit Geiselnehmern, Terroristen und anderen Feinden der Nation. So verwundert es nicht, dass nach Stephen Decatur heute in den USA nicht weniger als 17 Orte oder Städte und sechs *counties* (Landkreise) benannt sind.

Eine Entscheidung in diesem ersten Barbareskenkrieg fiel jedoch erst, als auch zu Land interveniert wurde. Auf Initiative des Offiziers und ehemaligen amerikanischen Konsuls in Tunis, William Eaton, nahmen die USA Kontakt mit dem im ägyptischen Exil lebenden Bruder des Paschas von Tripolis, Hamet Karamanli, auf. Eaton stellte eine kleine Armee aus Söldnern, Anhängern Hamets und zehn Amerikanern auf. Unter seiner energischen Führung marschierte die Streitmacht von knapp 500 Mann fast eintausend Kilometer durch die Wüste. Ende April 1804 standen sie vor Darna, der zweitgrößten Stadt im Herrschaftsgebiet von Tripolis. Pascha Karamanli wusste, was das ultimative Ziel der Expedition sein musste: *regime change*. Hamet war sein älterer Bruder, den er vertrieben und dessen Familie er als Geisel genommen hatte. In der Schlacht von Darna, die sich bis zum 13. Mai hinzog, wurden des Paschas Streitkräfte indes geschlagen. Bei der Einnahme der Stadt zog Leutnant Presley O'Bannon die Fahne des Paschas ein und hisste das Sternenbanner – zum ersten Mal wehte die amerikanische Flagge über bislang feindlichem Territorium, genau 140 Jahre bevor der Fotograf Joe Rosenthal einen vergleichbaren Akt durch sechs Marines bei der Eroberung der Insel Iwo Jima in einem Bild festhielt, das zu einer Ikone des 20. Jahrhunderts wurde.

Dem Kampf gegen die Geiselnehmer in Nordafrika schloss sich bald ein neuer, für die Existenz der jungen Nation viel gefährlicherer Konflikt an. Der Gegner war der gleiche wie beim ersten Waffengang, dem Unabhängigkeitskrieg ein Menschenalter zuvor: die Weltmacht Großbritannien. Die Ursachen dafür, dass aus einer seit Jahren vor sich hindümpelnden Krise nun ein manifester Konflikt wurde, waren vielfältig. Ganz wesentlich trieb jedoch die Verärgerung der USA über die Kontrolle des überseeischen Handels durch die Royal Navy das Land in den Konflikt. Großbritannien führte seit zwei Jahrzehnten (mit nur kurzen Unterbrechungen) einen epochalen Kampf gegen Frankreich, erst gegen jenes der Revolutionäre, dann gegen das Empire des selbstgekrönten Kaisers Napoleon. Dieser sollte in genau jenen Tagen, da Amerika den Krieg gegen das einstige Mutterland erklärte, zu seinem größten und verhängnisvollsten Feldzug aufbrechen: der Invasion Russlands. Die Royal Navy hatte sich unterdessen zu einem Leviathan entwickelt, wie ihn die Weltmeere noch nicht gesehen hatten. Rund 600 Kriegsschiffe ließen Britannien – und seine Wirtschaftsinteressen – die Wellen regieren, verweigerten Napoleon den Griff nach den Ozeanen und damit nach der Weltmacht.

Dieser Gigant brauchte vor allem eines: Menschen – Seeleute. Fast 150 000 Matrosen schufteten auf den Linienschiffen, Fregatten und anderen Schiffen Seiner Majestät, meist unter menschenunwürdigen Bedingungen, die den Gedanken an die Desertion für viele stets lebendig hielten. Ein reizvolles Ziel für jene, die der Royal Navy den Rücken zu kehren hofften, waren die Handelsschiffe (und die wenigen Kriegsschiffe) der Vereinigten Staaten, einem Land mit der gleichen Sprache und einer weit besseren Besoldung seiner Seeleute. Kriegsschiffe der Royal Navy stoppten die Schiffe der Republik; wer britisch aussah oder einen britischen Akzent hatte, wurde kurzerhand abgeführt und zum Dienst in der britischen Marine gepresst, sofern der Unglückliche nicht als tatsächlich identifizierter Deserteur schnell an den Galgen kam. *Impressment* wurde zu einem Begriff, der in den USA Wut auslöste, eine weitgehend ohnmächtige Wut. Für die Offiziere, die amerikanische – und andere neutrale – Schiffe auf hoher See unter dem Druck ihrer feuerbereiten Geschützreihen durchsuchten, galt hingegen die Devise: *Once a Britisher, always a Britisher.*

Präsident Thomas Jefferson, Madisons Vorgänger, verhängte ein Embargo gegen Großbritannien. Mit den *Orders in Council* vom November 1807 untersagte England den Neutralen – also auch den USA – den Handel mit Frankreich. Am 18. Juni 1812 unterschrieb Präsident James Madison die Kriegserklärung an Großbritannien. Nur zu bald wurde der Präsident gewahr, welche manchmal tragische Rolle die langsamen Kommunikationsmöglichkeiten der Epoche gelegentlich spielen konnten. Am 23. Juni 1812 nämlich hatte die Regierung von Premierminister Lord Liverpool die *Orders in Council* zurückgenommen. Die *Times* jubilierte bereits optimistisch: »Da die Feindseligkeiten mit Amerika auf einer Grundlage beruhen, die jetzt beseitigt worden ist, müssen diese Feindseligkeiten ebenso zu Boden sinken.« Das Schiff mit dieser guten Nachricht war jedoch zur gleichen Zeit in westliche Richtung über den Atlantik unterwegs wie ein anderes, mit der amerikanischen Kriegserklärung an Bord, auf entgegengesetztem Kurs.

Der Krieg war kein Ruhmesblatt für die USA. Die Invasion Kanadas schlug fehl; immerhin gelangen der U.S. Navy ein paar Erfolge auf den Meeren gegen britische Fregatten. Dann änderte sich die politische Großwetterlage – und zwar zum Nachteil der Amerikaner. Mit der Abdankung Napoleons im April 1814 hatte Großbritannien die Hände frei, um sich wenn nicht mit voller Kraft (die wurde dann doch bald wieder in Europa gebraucht, wo Napoleon im folgenden Frühjahr sein hundert Tage dauerndes, bei Waterloo endgültig endendes Comeback inszenierte), so doch mit massiven Verstärkungen den USA zuzuwenden. Im August 1814 fuhr eine für die Verhältnisse dieses Kriegsschauplatzes geradezu gewaltige Flotte in die Chesapeake Bay ein. Den Bäuchen der Schiffe entstiegen mehr als 4000 auf den europäischen Schlachtfeldern geschulte Veteranen, reguläre Truppen in scharlachroten Uniformen und Marines der Royal Navy, denen die Amerikaner in puncto Erfahrung kaum etwas entgegenzusetzen hatten. Bald wurde deutlich, wohin die Armee marschierte: gen Washington, auf Amerikas noch unfertige Hauptstadt zu.

Präsident James Madison und seine Regierung mussten fliehen. Bald darauf, in den Abendstunden des 24. August 1814, rückten die ersten britischen Einheiten in die Stadt ein. Die Briten stürmten das Kapitol und begannen, zerschlagenes Mobiliar, Brennholz, Vorhänge, alles, was trocken und leicht entzündbar aussah, in die Kammern des Parlaments zu bringen. Bald darauf züngelten die Flammen aus dem Gebäude und auch die erste Library of Congress wurde vom Feuer vernichtet. Ebenso das *President's House*. Der Feuerschein war so hell, dass man, wie sich ein britischer Soldat später erinnerte, die Gesichter der Kameraden im nächtlichen Dunkel problemlos erkennen konnte.

Doch dann hatte das Wetter Erbarmen mit der brennenden Hauptstadt, ein Gewitter zog auf und starker Regen stoppte die Feuersbrünste. Vier Tage später kam Präsident Madison zurück und stand vor den verrußten Sitzen von Parlament und Regierung. Es ist eine Legende, dass das Haus des Präsidenten aufgrund der zum Übertünchen der Brandspuren benutzten Farbe seither »das Weiße« heißt. In England schrieb eine Zeitung nachdenklich, dass die Kosaken 1814 Paris schonten, »aber wir schonten die Hauptstadt Amerikas nicht«. Noch einmal unternahm die Weltmacht eine Invasion Amerikas, diesmal tief im Süden, bei New Orleans. Es wurde ein Debakel. Die gut organisierten Abwehrreihen der Amerikaner unter dem energischen Andrew Jackson (einem späteren Präsidenten) fügten den Briten am 8. Januar 1815 eine schwere Niederlage zu. Die ungefähr 300 toten Briten und die etwa siebzig toten Amerikaner brachten indes ein sinnloses Opfer. Wie am Beginn des *War of 1812* stand auch an dessen Ende der Fluch der langsamen transatlantischen Kommunikation. Knapp drei Wochen zuvor war im (heute) belgischen Gent Frieden geschlossen worden. Immerhin: Die Hoffnung, die der amerikanische Diplomat und spätere sechste Präsident John Quincy Adams (Sohn des zweiten Präsidenten John Adams) äußerte, ehe er den Friedensvertrag unterschrieb, sollte Realität werden: »Möge dies der letzte Friedensvertrag zwischen Großbritannien und den Vereinigten Staaten sein!«

Den Krieg gegen das British Empire unbeschadet überstanden zu haben, gab dem nationalen Selbstbewusstsein der USA einen enormen Aufschwung. Es begann eine Phase der Expansion und der Prosperität. In der Evolution des Präsidentenamtes sorgte diese *Era of Good Feelings* für einen nie wieder erreichten und heute in Zeiten einer tiefen Spaltung der amerikanischen Bevölkerung undenkbaren Rekord: Präsident James Monroe erhielt bei seiner Wiederwahl 1820 im Wahlmännergremium 231 der damals insgesamt möglichen 232 Stimmen – nur ein Elektor hatte für einen anderen Kandidaten votiert. Das Selbstbewusstsein der USA war jetzt so stark, dass man den Nationen Europas eine für deren Ohren höchst ungewöhnliche Warnung übermitteln konnte. In der Monroe-Doktrin aus dem Jahr 1823 verkündete die Administration des fünften Präsidenten, dass man eine Einmischung europäischer Mächte in der westlichen Hemisphäre und das Bemühen, dort Kolonien zu erwerben oder aus unabhängigen Staaten Kolonien zu machen, als feindliche Handlung betrachten werde. Noch existierende europäische Kolonien – die Doktrin wurde während des Unabhängigkeitskampfes lateinamerikanischer Völker formuliert – würde man hingegen respektieren und in europäische Angelegenheiten würde man sich nicht einmischen.

Die Blicke der Nation richteten sich zu dieser Zeit primär nach Westen. Der riesige Kontinent, von dem Präsident Thomas Jefferson mit dem *Louisiana Purchase* im Jahr 1803 weite Teile auf friedliche Art erworben hatte, sollte erschlossen und besiedelt werden. Diejenigen, die dort schon seit mehr als zehntausend Jahren lebten, die *Native Americans*, wurden dabei nicht gefragt. Auf dem Weg zum Pazifik stand dem Expansionsstreben indes ein Hindernis im Wege. Es war die Republik Mexiko, zu der ein riesiges und nur dünn besiedeltes Territorium gehörte, das heute den Südwesten der USA ausmacht – und den *Golden State* Kalifornien. Als Erstes fiel den USA die riesige mexikanische Provinz Texas – heute der größte der 48 Kontinentalstaaten – zu. Die von englischsprachigen, überwiegend aus den USA eingewanderten Siedlern getragene Aufstandsbewegung gegen das mexikanische Militärregime kulminierte in einem Mythos, einem heldenhaft verbrämten Opfergang, dessen sich auch Hollywood immer wieder dankbar angenommen hat: in der Verteidigung des Alamo. In dieser zum Fort ausgebauten alten Missionsstation im heutigen San Antonio sammelten sich rund 180 Verteidiger mit dem Ziel, den Vormarsch der Armee des Generals Antonio López de Santa Anna so lange aufzuhalten, bis ein Entsatzheer unter dem Befehl von Sam Houston, dem Vater der texanischen Unabhängigkeit und Namensgeber der größten Metropole des *Lone Star State*, zusammengezogen war. Sie verteidigten sich tapfer, wehrten mehrere mexikanische Attacken auf die kleine Festung ab – und fielen schließlich alle. *Remember the Alamo!* wurde 1836 ein propagandistisch genutzter Schlachtruf wie seine Nachfahren *Remember the Maine!* 1898 im Krieg gegen Spanien, *Remember Pearl Harbor!* 1941 nach dem Überfall der Japaner auf die Marinebasis und *Remember September 11!* im Krieg gegen den Terror. Texas errang wenige Wochen nach dem Heldentod der Verteidiger des Alamo seine Unabhängigkeit, nachdem Houston die Mexikaner in der Schlacht bei San Jacinto besiegt und Santa Anna gefangen genommen hatte. Von 1836 bis 1845 existierte eine Republik Texas, bevor diese sich den USA anschloss oder, wie patriotische Texaner noch heute behaupten, bevor die USA sich Texas anschlossen.

Der 1844 zum elften Präsidenten gewählte James Knox Polk, ein Mann mit einem ausgeprägten Mangel an Charme und Liebenswürdigkeit, legte kurz nach seiner Amtsübernahme seinen Plan für die Mandatszeit offen: Er wolle nicht für eine Wiederwahl kandidieren, er wolle die Zölle senken und er werde sowohl Oregon als auch Kalifornien für die USA erwerben. Gut ein Jahrhundert später resümierte einer seiner Amtsnachfolger, Harry Truman, voller Respekt: »Ein großer Präsident. Er kündigte an, was er tun würde, und er tat es.« Während der pazifische Nordwesten, die heutigen Bundesstaaten Oregon und Washington, über den Verhandlungsweg mit Großbritannien erworben wurde, geschah der »Erwerb« Kaliforniens und des riesigen Gebietes, aus dem die Staaten Arizona und New Mexico entstanden und zu dem auch Teile von Nevada, Colorado und Utah sowie ein Zipfel von Wyoming gehörten, durch einen kurzen, blutigen Krieg mit dem Nachbarn Mexiko. Dieser endete mit der Eroberung der mexikanischen Hauptstadt und kostete rund 13 000 Amerikanern sowie einer mindestens doppelt so hohen Zahl von Mexikanern das Leben. Beide Länder unterzeichneten am 2. Februar 1848 den Friedensvertrag von Guadalupe Hidalgo, in dem die beschriebene riesige Landmasse den Besitzer wechselte. Der amerikanische Unterhändler Nicholas Trist schrieb: »Es war eine Angelegenheit, für die sich jeder rechtschaffene Amerikaner schämen sollte, und ich habe mich geschämt, aus ganzem Herzen und mit voller Kraft.«

Der nächste Konflikt, der größte in der amerikanischen Geschichte, auf den wir an anderer Stelle eingehen werden, hätte die Nation eigentlich zerreißen müssen. Die Frage der Sklaverei und vor allem der Streit, ob sich diese menschenverachtende Institution, die wirtschaftliche Grundlage des Südens, in die neuen Territorien westlich des Mississippi würde ausdehnen dürfen, hatten die USA immer stärker entzweit. Die Wahl Abraham Lincolns zum 16. Präsidenten war für die Staaten des Südens, angefangen mit South Carolina, Grund den Austritt aus dem Staatenbund USA zu erklären und einen neuen zu gründen, die *Confederate States of America* (CSA), die von keinem Land der Welt diplomatisch anerkannt wurden. Es dauerte vier Jahre und kostete rund 620 000 Menschenleben, bevor die Sklaverei und die Sezession auf dem Abfallhaufen der amerikanischen Geschichte landeten. Präsident Lincoln selbst wurde das letzte Opfer der nationalen Tragödie. Er fiel am Abend des 14. April 1865 im Ford's Theatre von Washington einem Attentat durch den fanatischen Südstaatler John Wilkes Booth zum Opfer. Lincoln blieb nicht der einzige Präsident, dessen Amtszeit durch Mörderhand vorzeitig beendet wurde. Nach ihm wurden auch James Garfield (1881), William McKinley (1901) und John F. Kennedy (1963) ermordet. Mehrere andere Präsidenten entgingen knapp Mordanschlägen, wie Franklin Delano Roosevelt 1933 kurz vor seiner Vereidigung und Gerald Ford 1975 – ihn versuchten binnen 17 Tagen zwei weibliche Attentäterinnen zu erschießen, in beiden Fällen in Kalifornien. Ein weiterer amtierender Präsident, Ronald Reagan, wurde bei einem Mordanschlag am 30. März 1981 lebensgefährlich verletzt, erholte sich aber nach einer mehrstündigen Notoperation und amtierte volle acht Jahre. Auch die Liste von nicht-präsidentiellen Politikern und Bürgerrechtlern in den USA, die Mordanschlägen zum Opfer fielen, ist lang. Auf ihr finden sich Namen wie die von Robert Kennedy und Martin Luther King, einem Bürgermeister von New York, einem Bürgermeister von Chicago, einem Bürgermeister von San Francisco sowie dem ersten bekennend schwulen höheren Mandatsträger in der amerikanischen Politik, Harvey Milk, Stadtrat in San Francisco. Es ist somit nicht übertrieben festzustellen, dass sich durch Amerikas politische Geschichte eine Linie der Gewalt zieht, die in anderen Ländern mit vergleichbarem kulturellem Hintergrund undenkbar scheint, so lange dort demokratische Verhältnisse herrschen. In Großbritannien beispielsweise fiel mit Spencer Perceval 1812 nur ein Premierminister einem Attentat zum Opfer, in Schweden war

Olof Palme 1986 ebenfalls ein Einzelfall. Der ranghöchste Politiker in einem demokratischen Deutschland, der von Mörderhand starb, war Außenminister Walter Rathenau im Jahr 1922.

Zu Beginn des 20. Jahrhunderts waren die USA schließlich das geworden, was sie an anderen Nationen stets verurteilt hatten: eine Kolonialmacht. Schon lange hatte die amerikanische Wirtschaft gierige Blicke auf die größte Karibikinsel Kuba geworfen, wo eine Rebellenbewegung gegen die spanischen Kolonialherren kämpfte. Im Februar 1898 flog das zu einem »Freundschaftsbesuch« im Hafen von Havanna vor Anker liegende Schlachtschiff *Maine* aus nie ganz geklärten Gründen in die Luft. Die Massenpresse, vor allem die Zeitungen des Medienzaren William Randolph Hearst, die seit Längerem schon nach einem Krieg um Kuba schrien, hatten schnell die Schuldigen ausgemacht: Es mussten die perfiden Spanier sein. Präsident William McKinley, der eigentlich erklärt hatte, er habe als Offizier im Bürgerkrieg so viele gefallene Soldaten gesehen, dass er vom Krieg für alle Zeiten genug habe, konnte das Räderwerk nicht stoppen: Der Kongress erklärte Spanien den Krieg. In zwei höchst einseitigen Seeschlachten wurden die spanischen Marinestreitkräfte in der Karibik und auf den Philippinen, der spanischen Kolonie in Ostasien, die trefflich in die Expansionsträume mancher Strategen, Banker und Leitartikler passte, von der U.S. Navy vernichtend geschlagen. Als der Krieg nach wenigen Monaten ein Ende fand, sahen sich die USA im Besitz der Philippinen, Kubas und Puerto Ricos. In ihrer neuen asiatischen Kolonie wurden sie umgehend in einen Guerillakrieg mit einheimischen Freiheitskämpfern gezwungen, der fast das ganze erste Jahrzehnt des 20. Jahrhunderts dauerte und mit äußerster Brutalität geführt wurde.

3. Der Weg zur Weltmacht: Das 20. Jahrhundert

Die Regierungszeit Theodore Roosevelts, der im September 1901 die Nachfolge des ermordeten William McKinley antrat, gilt als der Beginn der »imperialen Präsidentschaft«. Der bei seinem Amtsantritt 42-jährige und damit jüngste Präsident aller Zeiten sah die USA als eine Großmacht und erwartete, dass sie als solche von allen übrigen Staaten auch respektiert würde. Seinen Stil und seine Politik charakterisiert die Formulierung: *Speak softly and carry a big stick*. Die »sanfte Sprechweise«, sprich: die Diplomatie, übernahm er kurzerhand selbst, sein Außenminister war meist Befehlsempfänger, weniger Gestalter. Der Knüppel hingegen, mit dem Amerika seiner Position Nachdruck verleihen musste, wann immer es die Situation erforderte, war für Roosevelt die Marine. Er trieb die Fertigstellung des Panama-Kanals voran, der für die USA größte strategische Bedeutung erlangte. Das Land war auf der Weltbühne inzwischen ein solcher Machtfaktor, dass es 1905 erstmals – um ein Bismarck-Wort zu gebrauchen – als »ehrlicher Makler« zwischen zwei kriegführenden Nationen vermittelte: im Konflikt zwischen dem Zarenreich und Japan. Auf Roosevelts Initiative hin wurde eine Friedenskonferenz nach Portsmouth im US-Bundesstaat New Hampshire einberufen. Er wirkte hinter den Kulissen, ließ beide Delegationen die Sprache der Diplomatie, aber auch den *big stick* der jungen Weltmacht spüren. Am Ende kam es zum Friedensschluss und Theodore Roosevelt erhielt als erster amerikanischer Präsident, vor Woodrow Wilson, Jimmy Carter und Barack Obama, den Friedensnobelpreis.

Der nächste mit dem Friedensnobelpreis ausgezeichnete Präsident führte die USA in den Ersten Weltkrieg. Das Besondere war (neben der offensichtlichen Ironie) der Zeitpunkt: Die amerikanische Kriegserklärung gegen das kaiserliche Deutschland am 6. April 1917 erfolgte nur gut vier Wochen nach der zweiten Amtseinführung von Präsident Woodrow Wilson. Seine Wiederwahl – 1912 war er erstmals und mit nur 42 Prozent der Wählerstimmen ins Amt gekommen – war nicht zuletzt aufgrund seines Slogan *He kept us out of the war* erfolgt. Das darin scheinbar enthaltene Versprechen, die USA auch weiter aus dem seit mehr als zwei Jahren tobenden und von den Zeitgenossen als »Großer Krieg« bezeichneten Massensterben herauszuhalten, war für eine Mehrheit der Amerikaner ein Ausdruck von Vernunft. Der Irrsinn der Materialschlachten an der Somme und bei Verdun stieß auf Entsetzen. Dass sich die USA dann dennoch relativ kurz nach dem Wahlentscheid in den Mahlstrom gezogen sahen, lag neben einer eklatanten Wählertäuschung durch Wilson auch an der effektiven Propaganda der Alliierten (Großbritannien und Frankreich), dem Druck amerikanischer, von einem Kriegseintritt profitierender Wirtschaftsinteressen, dem von Deutschland ausgerufenen uneingeschränkten U-Boot-Krieg (dies war der offizielle Grund für die amerikanische Kriegserklärung) und an der Tölpelhaftigkeit der deutschen Außenpolitik: Eine diplomatische Note, das sogenannte »Zimmermann-Telegramm«, an die mexikanische Regierung, in der Mexiko bei Kriegseintritt auf Seiten Deutschlands Teile des amerikanischen Südwestens versprochen wurden, fingen die Briten ab und überreichten es freudestrahlend der amerikanischen Regierung und Presse.

Die gewaltige industrielle Macht der USA und der Einsatz von rund zwei Millionen frischer Soldaten brachte 1918 an der Westfront die Wende zugunsten der Alliierten und schließlich im November die Entscheidung mit der Kapitulation Deutschlands. Insgesamt 117 000 amerikanische Soldaten waren auf französischem und belgischem Boden gefallen und zwar, so Wilsons Devise, »um die Welt sicher für die Demokratie zu machen«.

Gleichzeitig kam es allerdings im eigenen Land zu einer bis dahin beispiellosen Aufhebung demokratischer Grundrechte. Tatsächlich oder vermeintlich Andersdenkende wurden verfolgt und inhaftiert, es gab Fälle von obrigkeitlich geduldeter oder zumindest strafrechtlich kaum verfolgter Körperverletzung bis hin zur Lynchjustiz, stets unter dem Deckmantel nationaler Sicherheitsinteressen. So wurde beispielsweise in Kentucky ein Mann gehängt, dem sein deutscher Nachname und seine sozialistische Weltanschauung zum Verhängnis wurden. Die selbsternannten Vollstrecker wurden, bei der Gerichtsverhandlung Bändchen in den amerikanischen Nationalfarben tragend, freigesprochen. Das war kein Einzelfall. Gegen die aus dem Umfeld des Ku-Klux-Klan stammenden Mörder von rund hundert Amerikanern afrikanischer Abstammung, deren Hautfarbe sie in den Augen mancher Südstaatler als nicht ausreichend patriotisch abstempelte, wurde gar nicht erst ermittelt.

Viele Amerikaner fragten sich bald, wofür das Land eigentlich gekämpft hatte und die *doughboys* (so der damalige Spitzname für Soldaten, übersetzt: »Teigjungen«) gestorben oder verstümmelt worden waren. Die zynische Antwort hätte gelautet: für den Profit der Rüstungs- und anderer Industrien, für die Bilanzen der Banken, bei denen die Verbündeten und bald auch das besiegte Deutschland hoch verschuldet waren, für den Erhalt des British Empire, für die Bestätigung der französischen *gloire* und die Rückgabe Elsass-Lothringens an den alten Verbündeten. Die Erfahrungen aus dem Ersten Weltkrieg führten bei vielen Amerikanern zur Desillusionierung und stärkten den Isolationismus, der bis in die letzten Tage vor dem japanischen Angriff auf Pearl Harbor im Dezember 1941 eine wichtige Kraft in der amerikanischen Innenpolitik war.

Die Abkehr von den hehren Idealen des ehemaligen Princeton-Professors Wilson offenbarten die Amerikaner und die erstmals an einer Präsidentenwahl teilnehmenden Amerikanerinnen 1920, als sie den eher simpel strukturierten Republikaner Warren Harding zum Präsidenten wählten, der im Wahlkampf etwas höchst Attraktives versprochen hatte: »Zurück zur Normalität«. Zuvor hatte die Bevölkerung erleben müssen, in welch beispiellosem Ausmaß sie von ihren Regierenden belogen wurde. Präsident Wilson erlitt im September 1919 einen schweren Schlaganfall – dass er schon seit Jahren an einer Gefäßerkrankung litt und durch diese auf einem Auge faktisch erblindet war, hatte er den Wählern sowohl 1912 als auch 1916 geflissentlich verschwiegen. Die ihm verbleibenden eineinhalb Jahre Amtszeit verbrachte er weitgehend regierungsunfähig und meist vor Bevölkerung wie Presse versteckt im Weißen Haus, in dem er zeitweise in abgedunkelten Räumen vor sich hindämmerte. Was an Verlautbarungen nach außen drang, stammte von einer »Troika«, bestehend aus Wilsons Sekretär, seinem Leibarzt und seiner zweiten Frau Edith – einer Troika, die das Land wenn schon nicht regierte, so doch eine Regierung verhinderte.

Die Vertuschung des Gesundheitszustandes Wilsons hatte zwei gravierende Folgen. In Abwesenheit einer funktionierenden Exekutive bekamen die Republikaner im Kongress Oberwasser und verhinderten ein zentrales Anliegen der

Wilsonschen Nachkriegspolitik: Die USA würden nicht Mitglied im Völkerbund werden. Damit war diese erste internationale Gemeinschaft von Beginn an geschwächt; der Völkerbund sollte sich als völlig unfähig erweisen, dem Aufstieg von Faschismus und Nationalsozialismus entgegenzuwirken und den Weltfrieden zu erhalten. Nach dem Zweiten Weltkrieg zogen die USA Lehren aus dieser Entwicklung. Sie waren die treibende Kraft hinter der Konstituierung der Vereinten Nationen, die seit der ersten Stunde ihren Sitz in den USA haben: Nach der Gründung in San Francisco wurde New York zum permanenten Hauptquartier der U. N.

Die zweite Konsequenz aus Wilsons Pathobiographie: Die amerikanische Öffentlichkeit und die Medien sind extrem hellhörig, wenn es im Wahlkampf um die Eignung eines Kandidaten für das Präsidentenamt geht – nicht nur um die charakterliche, sondern auch die gesundheitliche Eignung. Zu dieser Sensibilität trugen nach Woodrow Wilson mindestens zwei weitere Präsidenten bei. Franklin D. Roosevelt vermied bei seiner vierten Wahl 1944 jedweden Hinweis auf seinen massiven Bluthochdruck und die sich verschlimmernde Herzinsuffizienz. Den Wählern wäre bei Kenntnis des hinfälligen Zustandes Roosevelts bewusst geworden, dass sie eigentlich den zweiten Mann auf dem Ticket, den Vizepräsidentschaftskandidaten Harry Truman wählten – wie dieser ja in der Tat nach Roosevelts Tod am 12. April 1945 fast die gesamten nächsten vier Jahre amtieren und dann 1948 *in his own right* wiedergewählt werden würde. Dass der jugendlich-sportiv wirkende John F. Kennedy an der schweren und damals kaum zu behandelnden Nebennierenkrankheit Morbus Addison litt, erfuhr die amerikanische Öffentlichkeit erst nach des Präsidenten gewaltsamem Tod in Dallas im November 1963. Die genaue Beobachtung der Vitalität von Präsidentschaftskandidaten spielte deshalb auch im Wahlkampf 2016 eine Rolle. Hillary Clinton erlitt beim Besteigen ihres Wagens im Herzen von New York einen Kollaps und musste von Secret-Service-Agenten aufgefangen werden. Ihre später verlautbarte Erklärung, sie sei dehydriert gewesen, verfing bei vielen Beobachtern nicht. Ihre Umfragewerte sanken nach der Episode deutlich ab.

Nach dem Ersten Weltkrieg war Amerika politisch, wirtschaftlich und kulturell eine Weltmacht. Vor allem wirtschaftlich: Konsumgüter wurden in nie dagewesenem Maße produziert und waren für weite Bevölkerungskreise zunehmend erschwinglich. Die Zahl der Autos auf Amerikas Straßen stieg von 1920 bis 1929 von neun auf 27 Millionen, nicht zuletzt dank des von Henry Ford in Dearborn, Michigan, massenhaft produzierten »Model T«. Die in Detroit bzw. seinen Vororten konzentrierte Autoindustrie brachte 1929 die Rekordzahl von fünf Millionen Neuwagen auf den Markt, was Bedarf für immer größere und breitere Schnellstraßen schuf und Tausende von Jobs sicherte. Eine direkte Folge der neuen Mobilität war die Gründung von *suburbs*, jenen typisch amerikanischen Vororten, die ein »Leben im Grünen« ermöglichten. In den Haushalten zogen Geräte ein, die von nun an nicht mehr wegzudenken waren, wie der Kühlschrank, der Staubsauger, die Waschmaschine und das Radio. Zur Förderung der Konsumfreudigkeit etablierte sich ein vollständig neuer Wirtschaftszweig: die Werbebranche.[1] Bedürfnisse wurden mit all den subtilen Mitteln moderner Verkaufspsychologie geweckt, die von nun an das Leben mitbestimmen sollten. Die *Roaring Twenties* waren Jahre der Lebensfreude, oft auf Pump – und trotz des unsinnigen Alkoholverbots der Prohibition. Es war die Zeit des Jazz, die Glanzzeit des noch stummen Hollywood und einer nie gekannten Freizügigkeit für Frauen: im Beruf, in der Gesellschaft und auch in der Sexualität.

Und plötzlich war alles vorbei. Der Börsencrash des Oktober 1929 stürzte Amerika in eine schwere Depression und mit ihm die ganze Welt. Bald waren in den USA fast 13 Millionen Menschen im erwerbsfähigen Alter arbeitslos. Spuren grassierender Armut waren überall sichtbar. Keine Stadt, keine größere Gemeinde, in der nicht Siedlungen aus primitiven Wellblechhütten entstanden, in denen oft vielköpfige Familien dahinvegetierten. Der Name dieser Slums sagte einiges über die Enttäuschung der Menschen von ihrer Regierung aus: »Hoovervilles«. In der Tat schien Präsident Herbert Hoover mit seinen Hilfsprogrammen, die von Historikern mit dem Prädikat *too little, too late* belegt wurden, keinen Ausweg aus der Misere aufzeigen zu können. Zu allem Überfluss schlug die schlimmste Dürre seit Menschengedenken dem amerikanischen Herzland, dem von schier endlosen Weizenfeldern geprägten Mittelwesten, tiefe Wunden. Viele Familien verließen ihre Farmen und machten sich auf den Weg gen Westen, nach Kalifornien, dem Land, in dem angeblich Milch und Honig flossen – es war dies der düstere Stoff, aus dem John Steinbeck schöpfen konnte. Seine *Früchte des Zorns* malen ein realistisches Bild einer Epoche und eines Landes, das den Glauben an sich zu verlieren im Begriff war. Überall sah man Heimatlose, sogenannte *hobos*, die entlang der Eisenbahnschienen den Weg in eine bessere Zukunft suchten und meist doch nur in der nächsten Stadt in ähnlichem Elend wie zuvor landeten.

Es sagt zweifellos viel über die Amerikaner und das Selbstverständnis der Nation aus, dass in der schlimmsten Wirtschaftskrise der amerikanischen Geschichte keine Radikalisierung stattfand. In Europa waren Faschismus und Kommunismus auf dem Vormarsch, in den USA suchten die Menschen einen Ausweg aus der für viele existentiellen Krise an der Wahlurne, innerhalb des etablierten Systems.

Sie wählten Hoover ab und schickten Franklin D. Roosevelt ins Weiße Haus. Der neue Präsident hatte Erfahrung damit, schwere persönliche Krisen zu meistern und auch *against all odds* Optimismus und Zuversicht zu bewahren: Der aufstrebende Politiker war 1921 im Alter von 39 Jahren an Poliomyelitis (Kinderlähmung) erkrankt und konnte sich seither nur mit dem Rollstuhl oder an Krücken mit einem schwerfälligen, unter seinem Anzug verborgenen Stützapparat fortbewegen. In sein Auto wurde er meist getragen.

Roosevelt, ein Mann von beträchtlichem Charisma, versicherte den Amerikanern in seiner Antrittsrede am 4. März 1933 – es war die letzte Vereidigung an diesem Datum, seit 1936 fällt die Amtseinführung auf einen 20. Januar –, *the only thing we have to fear is fear itself*, dass sie nur die Furcht an sich zu fürchten hätten. Sein Aktionismus und seine optimistische Ausstrahlung waren ein wichtiger psychologischer Faktor, um aus der Krise zu finden. Die realen Wirtschaftsdaten besserten sich allmählich, aber keineswegs in dem Maße, wie es die Mythen um Roosevelts als *New Deal* geltendes Wirtschaftsprogramm Glauben machen wollen. Nachdem ihn die Wähler 1936 mit überwältigender Mehrheit erneut ins Weiße Haus gewählt hatten, stellte er in seiner zweiten Antrittsrede im Januar 1937 fest, dass nach wie vor ein Drittel der Bevölkerung schlecht ernährt, schlecht gekleidet und schlecht untergebracht sei. Die Erholung ging also schleichend langsam voran. Die Farmpreise lagen 1939 noch um ein Drittel unter jenen des Jahres 1929. Im Juni 1939 erhielten 19 Millionen Amerikaner staatliche Unterstützung, die Arbeitslosenquote sank in den beiden ersten Amtsperioden Roosevelts kaum unter 17 Prozent. Es ist eine bittere Ironie der Geschichte, dass die Erlangung von Vollbeschäftigung nicht den Bemühungen eines funktionierenden rechtsstaatlichen Systems wie der amerikanischen Demokratie zu verdanken war, sondern dem Aufstieg und der Aggression eines fernen Diktators. Es waren nicht die Rooseveltschen Programme der Hilfe zur Selbsthilfe, sondern der von Adolf Hitler im September 1939 ausgelöste Krieg, der Amerikas Wirtschaft auf ungeahnte Weise ankurbelte und das Land, wie der Präsident in einer seiner großen Reden es nannte, zum »Arsenal der Demokratie« auf dieser Welt werden ließ.

Wie kaum ein anderer Staatsmann hatte Franklin D. Roosevelt schon frühzeitig erkannt, welche Gefahr von Hitler und dem Rassenwahn der Nazis für die Welt ausging. Beinahe atemberaubend prophetisch – vor allem mit Blick auf das Datum – wirken die Worte, die der deutsche Emigrant Thomas Mann nach seinem Gespräch mit Roosevelt zu Papier brachte: »Als ich das Weiße Haus verließ, wusste ich, dass Hitler verloren war.« So geschehen bereits am 30. Juni 1935. Am 5. Oktober 1937 forderte Roosevelt in seiner berühmten »Quarantäne-Rede« in Chicago, Kriegstreibern und Aggressoren frühzeitig entgegenzutreten, sie gleichsam unter Quarantäne zu stellen. Er sprach von einer »Epidemie einer weltweiten Gesetzlosigkeit« und warnte die Amerikaner davor, sich, wie seit Gründertagen als selbstverständlich erachtet, durch die beiden großen Ozeane geschützt und sicher zu fühlen: »Lasst niemanden in der Vorstellung, dass Amerika Gnade erwarten kann, dass diese westliche Hemisphäre nicht angegriffen wird und dass es ungestört und in Frieden die Ethik und die Kultur der Zivilisation weitertragen kann … Wir werden zwar Maßnahmen ergreifen, die unser Risiko einer Beteiligung minimieren, aber wir können in einer Welt der Unordnung, in der Vertrauen und Sicherheit zusammengebrochen sind, keinen perfekten Schutz haben.«[2]

Nach Kriegsausbruch in Europa im September 1939 hatten zwar deutlich mehr Amerikaner Sympathien für Großbritannien und Frankreich (und für das unglückliche Polen) als für Nazi-Deutschland. Doch ein Eingreifen auf Seiten der Alliierten lehnte eine Mehrheit gemäß Umfragen ab. Da Roosevelt erkennbar alles in seinen Kräften Stehende tat, um Großbritannien zu unterstützen, das nach Frankreichs Niederlage im »Westfeldzug« der Wehrmacht ab Juni 1940 allein gegen Hitler stand, bildete sich eine starke isolationistische Bewegung unter der Formel *America First*.[3] Ihr wichtigster Sprecher war der Nationalheld Charles Lindbergh, der 1927 als erster Pilot allein den Atlantik überflogen hatte. Roosevelt sah in ihm – wohl zu Recht – seinen gefährlichsten Gegner und bezeichnete ihn – zu Unrecht – als Nazi. Lindbergh war ein Patriot und meldete sich im Krieg gegen vielerlei Widerstände zu Einsätzen über Feindgebiet.

Es war nicht Nazi-Deutschland, sondern das militaristische Japan, das die USA in den Zweiten Weltkrieg trieb – oder vielmehr bombte. Das Verhältnis war 1941 zutiefst zerrüttet; vor allem nachdem die US-Regierung wegen der japanischen Expansion in Südostasien und der Greueltaten im teilweise von Japan besetzten China ein Wirtschaftsembargo gegen das Kaiserreich verhängt hatte. Besonders der Stopp der Öleinfuhren aus den USA traf das Land hart. Die japanische Führung entwickelte einen kühnen Plan: Mit einem Überfall auf die Flottenbasis Pearl Harbor sollte der amerikanischen Seemacht im Pazifik ein solch herber Schlag versetzt werden, dass die USA auf Interventionismus in Japans Einflusssphäre verzichteten – oder dass Japan zumindest Zeit gewann, um seine Eroberungen im rohstoffreichen Südostasien abzuschließen. Am Morgen des 7. Dezember 1941 griffen Torpedobomber, Bomber und Jagdflugzeuge, die von sechs japanischen Flugzeugträgern gestartet waren, Pearl Harbor und mehrere Luftstützpunkte auf der Hawaii-Insel Oahu an. Die Überraschung war vollkommen. Acht amerikanische Schlachtschiffe wurden versenkt oder so schwer beschädigt, dass sie für viele Monate ausfielen. Am schlimmsten traf es das Schlachtschiff *Arizona*. Um 8 Uhr 06 traf eine panzerbrechende Bombe die vordere Munitionskammer. Das Schiff wurde von einer gewaltigen Explosion zerrissen. In dem Inferno fanden 1177 Mann der Besatzung den Tod. Mehr als jedes andere Schiff wurde die *Arizona* zum Symbol für Pearl Harbor und für die Opfer, die Amerika an diesem Schicksalstag erbringen musste. Das auf ihrem Wrack errichtete Monument ist nach wie vor eines der emotionalsten Denkmäler Amerikas, vergleichbar nur dem Vietnam Veterans Memorial in Washington D. C.

Präsident Roosevelt konnte sich breiter Zustimmung sicher sein, als er am nächsten Tag vor den Kongress trat und seine Rede hielt, die in ihren wichtigsten Abschnitten zu den bekanntesten der amerikanischen Geschichte wurde: »Gestern, am 7. Dezember 1941, einem Datum, das als Tag der Schande [*a day of infamy*] fortleben wird, sind die Vereinigten Staaten plötzlich und vorsätzlich von See- und Luftstreitkräften des Japanischen Kaiserreiches angegriffen worden.« Seinem Antrag, Japan den Krieg zu erklären, folgte der Kongress. Vorwürfe gegen Roosevelt und seine Administration, sie hätten von den japanischen Angriffsvorbereitungen gewusst und nichts dagegen unternommen, da der Angriff den Präsidenten seiner Probleme mit dem Isolationismus entledigte, wurden nach dem Krieg laut, als sich Misstrauen gegen Regierende und Verschwörungstheorien eines immer stärkeren Zuwachses erfreuten. Beweise indes fehlen. Es gab vor jenem 7. Dezember 1941 zwar Hinweise, die jedoch in einer Flut von nachrichtendienstlichen Informationen untergingen. So war dem FBI die hektische Aktivität im japanischen Konsulat in Honolulu nicht entgangen und eine von Abhörexperten in Washington am Samstagabend, dem 6. Dezember, decodierte Anweisung der japanischen Regierung an ihre Diplomaten in der amerikanischen Hauptstadt wurde als Zeichen für den bevorstehenden Ausbruch von Kampfhandlungen durchaus richtig interpretiert. Doch erwartete man diese in Südostasien; der Gedanke, ein Verband aus sechs japanischen Flugzeugträgern könne sich unentdeckt Hawaii bis auf rund 350 Kilometer nähern, wäre so irreal erschienen wie bis zum 11. September 2001 die Vorstellung, mit Hilfe von kruden Messern und Paketöffnern aus dem Baumarkt Passagierflugzeuge zu hochexplosiven Projektilen zu machen – die Vergleiche des Terrorismus vom 11. September 2001 mit dem Überfall auf Pearl Harbor kamen bereits auf, als noch Rauch aus den Trümmern des World Trade Center stieg.

Roosevelt kam Pearl Harbor zwar durchaus politisch nicht völlig unwillkommen – allerdings strebte der Präsident nach einem Krieg gegen einen ganz anderen Gegner: Hitler und Nazi-Deutschland. Der japanische Angriff hätte nicht zwangsläufig Krieg mit Deutschland bedeutet, doch sollte sich Roosevelt in einem Dilemma befunden haben, so löste es Hitler für ihn, indem er den USA am 11. Dezember den Krieg erklärte.

Der japanische Angriff auf Pearl Harbor führte zu einer nationalen Einigung, einer Solidarisierung der Bevölkerung mit der Regierung und mit den Streitkräften, auf die man heute – in einem Zeitalter tiefer Polarisierung – mit nostalgischer Wehmut zurückblickt. Mit dem Kriegseintritt der USA wurde das enorme industrielle Potential der Nation in die Waagschale zugunsten der Alliierten geworfen. Nun war es tatsächlich ein Weltkrieg. Die Auswirkungen hat kaum jemand so klarsichtig vorausgesehen wie der Planer des Angriffs auf Pearl Harbor, der japanische Admiral Isoroku Yamamoto. Dieser hatte als junger Marineattaché an der japanischen Botschaft in Washington mehrere Jahre in den

USA gelebt, das Land bereist und einen Eindruck von der Stärke seiner Wirtschaft sowie seiner Entschlossenheit, wenn es um nationale Angelegenheiten ging, bekommen. Yamamoto war bewusst, dass sein Land auf längere Sicht keine Chance gegen den nach seinen Worten »schlafenden Riesen« hatte, welchen man mit dem Angriff auf Pearl Harbor geweckt habe. Diese Einstellung des japanischen Marinechefs unterschied sich damit nachdrücklich vom rassistischen Überlegenheitswahn Hitlers, für den die USA völkisch degeneriert und durch Demokratie und Jazzmusik verweichlicht waren.[4] Die technologischen Fähigkeiten der USA wurden bald spürbar, auch wenn ein ganz bestimmtes Rüstzeug erst viele Jahre später publik wurde: Die Amerikaner vermochten den Funkverkehr der Japaner (*Magic*) zu dechiffrieren, ähnlich wie dies den Briten mit der geheimen Kommunikation der deutschen Streitkräfte gelungen war (*Ultra*). Dieser Einblick in die Planungen des Gegners erwies sich als unschätzbarer Vorteil. So vermochte die U. S. Navy bereits sechs Monate nach Pearl Harbor durch ihre Kenntnis des nächsten Angriffsziels der japanischen Marine, der Inselgruppe Midway (wie der Name andeutet, ziemlich genau in der Mitte des nördlichen Pazifik gelegen), dieser eine vorentscheidende Niederlage beizubringen. Dabei offenbarte sich die entscheidende Bedeutung des neuen militärischen Machtmittels schlechthin, des Flugzeugträgers. Diese in den nächsten Jahrzehnten immer größer werdenden schwimmenden Basen mit ihrer heute oftmals rund 6000 Mann starken Besatzung sind seither das erkennbare Symbol amerikanischen Weltmachtanspruchs. Denn das Entsenden einer Trägergruppe in eine Krisenregion ist stets auch ein Warnsignal an vermeintliche und tatsächliche Kontrahenten.

Die Entschlüsselung des feindlichen Codes – in Kombination mit der stetigen Verbesserung der Radartechnologie –

ermöglichte den westlichen Alliierten ab 1942 nicht nur die Zerschlagung der deutschen U-Boot-Flotte, die Winston Churchill später als seine größte Sorge während des Krieges bezeichnete. Den Amerikanern gelang auch ein sehr persönlicher Racheakt: Sie erhielten Kenntnis von einer Inspektionsreise Admiral Yamamotos. Über der Insel Bougainville im Südpazifik lauerten amerikanische Langstreckenjäger am 18. April 1943 dem Reiseflugzeug Yamamotos auf und schossen es im Rahmen des passend *Operation Vengeance* (Operation Vergeltung) genannten Unternehmens ab. Die USA mobilisierten für den Krieg gegen Japan, Nazi-Deutschland und Italien ihr enormes wirtschaftliches Potential und stellten eine Streitmacht auf die Beine, wie sie die Welt noch nicht gesehen hatte. Es entstanden Fabriken von gigantischem Ausmaß, wie beispielsweise die Produktionsstätte für Bomber, Willow Run, die vom Autohersteller Ford in Michigan errichtet wurde. Hier arbeiteten bis zu 40 000 Männer und Frauen, in besten Zeiten gelang die Produktion von einem Bomber des Typs B-24 *pro Stunde.* In diesen Industrieanlagen kam es zu einem bemerkenswerten Wandel in der Zusammensetzung der Belegschaft im Vergleich zur herkömmlichen Arbeitswelt. Nicht nur fanden Angehörige von Minderheiten, vor allem Afroamerikaner, hier buchstäblich Arbeit und Brot, sodass die Migration aus dem Süden in die durch den Krieg boomenden Industriestädte wie Detroit, Pittsburgh und Baltimore forciert wurde und diese Metropolen einen hohen bis dominanten schwarzen Bevölkerungsanteil bekamen. Vor allem aber standen nun Frauen am Fließband und in den Werkhallen. Allein in der Luftfahrtindustrie arbeiteten fast eine halbe Million Frauen. Insgesamt sollen Schätzungen zufolge fast zwanzig Millionen Amerikanerinnen Aufgaben übernommen haben, die bislang Männer erledigt hatten, die nun aber zu den Streitkräften eingezogen worden waren. In zahlreichen amerikanischen Großstädten waren es jetzt Frauen, welche die Busse oder die damals noch in vielen Metropolen verkehrenden Straßenbahnen fuhren. Zur Symbolfigur weiblicher Arbeitskraft wurde *Rosie the Riveter*, die zentrale Gestalt eines Propagandastreifens. Sie wirkte weit über die Kriegszeit hinaus: In den 1980er Jahren wurde das Poster der energischen Frau mit den hochgekrempelten Ärmeln und dem Ausruf *We Can Do It!* zu einer Ikone des 20. Jahrhunderts und des langen Weges zur Gleichstellung von Frauen. Diese war durch den millionenfachen Einsatz an der Heimatfront keineswegs gesichert. Bald nach dem Krieg wurden vielerorts Frauen wieder aus ihren Arbeitsstellungen verdrängt; das Fünfziger-Jahre-Idyll sah die Frau eher als Hüterin des Heimes in Suburbia, die geduldig auf den nach Feierabend heimkehrenden Gatten wartete, denn als Präsenz in Amerikas Industriewelt.

Frauen stellten auch einen großen Anteil der Arbeitskräfte – und einen kleineren der beteiligten Wissenschaftler – am geheimsten Programm jener Jahre, mit welchem die USA nicht nur das eigene Land, sondern die gesamte Menschheit über die Schwelle zu einem neuen Zeitalter trugen: dem ersten in der Geschichte unserer Spezies, in dem die totale Vernichtung allen Lebens auf der Erde durch Menschenhand möglich wurde. In abgelegenen Regionen von New Mexico, Tennessee, Washington (State) und anderenorts wuchsen gut abgeschirmte Industrie- und Forschungsanlagen aus dem Boden, in welchen eine neue Waffe entwickelt wurde: die Atombombe. Allein in Oak Ridge (Tennessee) arbeiteten mehr als 70 000 Menschen daran, die meisten von ihnen Frauen.[5]

Am Anfang des Weges zu dieser fürchterlichsten aller Waffen steht bemerkenswerterweise ein Brief eines weithin als Pazifisten verehrten Genius. Der Physik-Nobelpreisträger Albert Einstein, der als Emigrant in Princeton lebte und lehrte, hatte im August 1939, vier Wochen vor Kriegsausbruch in Europa, einen Brief an Präsident Roosevelt geschrieben, in dem er ihn auf das hinwies, was sich aus der jüngst erstmals im Labor ausgelösten nuklearen Kettenreaktion ergeben könnte: »Dabei werden riesige Mengen von Energie und dem Radium ähnliche neue Elemente freigesetzt. Es erscheint jetzt als fast sicher, dass dies schon in naher Zukunft geschehen kann. Dieses neue Phänomen würde auch zur Konstruktion von Bomben führen und es ist denkbar – wenn auch weniger sicher –, dass extrem starke Bomben eines neuen Typs auf diese Weise konstruiert werden können. Eine einzige Bombe dieser Bauart, die mit einem Schiff transportiert und in einen Hafen gebracht würde, könnte sehr gut den ganzen Hafen zusammen mit dem umliegenden Territorium zerstören. Allerdings könnten sich diese Bomben als zu schwer erweisen, um sie mit dem Flugzeug zu transportieren.«

Was die Möglichkeit des Transports mit einem Flugzeug anbelangt, irrte Einstein sehr. Des Physikers Warnung, dass Deutschland sich in den Besitz einer solchen Massenvernichtungswaffe bringen könnte, verfing bei Roosevelt. Mit dem Kriegseintritt der USA bekam die Entwicklung der Atombombe als *Manhattan Project* höchste Priorität. Roosevelt sollte den ersten erfolgreichen Test nicht mehr miterleben. Für diesen fand man ein Gelände, das etwa sechzig Meilen nordwestlich der Stadt Alamogordo im Bundesstaat New Mexico lag und durch das zu spanischen Kolonialzeiten ein Weg mit dem angemessenen Namen *Jornada del Muerto* führte – *Dead Man's Trail*. Das Areal, das Teil eines gigantischen Bombenerprobungsplatzes war, wurde eingezäunt und hatte die respektablen Ausmaße von 24 Meilen Länge und 18 Meilen Breite. Am vorgesehenen Ort der Explosion wurde ein Stahlgerüst aufgebaut, an dem die Bombe zur Detonation gebracht werden sollte. Für dieses Zentrum des Geschehens bürgerte sich der technokratische Terminus *Ground Zero* ein – er würde ein Menschenalter später im Herzen New Yorks eine grausige Renaissance erleben.

In den Morgenstunden des 16. Juli 1945 wurde an diesem entlegenen Flecken die erste nukleare Explosion erfolgreich durchgeführt. Einer der beteiligten Wissenschaftler kleidete seine Empfindungen in die Worte: *Now we all are sons of bitches*. In Potsdam erreichte Präsident Truman die Nachricht vom erfolgreichen Test, als er sich dort gerade zur Konferenz der Siegermächte aufhielt. Truman erzählte fast umgehend seinem Alliierten Josef Stalin davon, dass die USA eine verheerende neue Waffe besaßen. Der sowjetische Diktator nickte beifällig und machte ein paar höfliche Bemerkungen – überrascht war er mitnichten, da er durch sein Spionagenetzwerk in den USA und vor allem innerhalb der wissenschaftlichen *community* bestens informiert war. Auch in der Sowjetunion griff man längst nach der Waffe der Zukunft.

Vier Stunden nach der Explosion in der Wüste an jenem Sommertag 1945 verließ der Kreuzer *Indianapolis* mit einer letztlich für die japanische Stadt Hiroshima bestimmten Fracht die Bucht von San Francisco. Das Schiff, das tausendfachen Tod in seiner modernsten Form transportierte, fuhr in einer bizarren Ironie des Schicksals einem geradezu archaischen Ende entgegen. Nach Ablieferung der auf den unzutreffenden Namen *Little Boy* getauften Bombe auf einer von Amerikanern besetzten Pazifikinsel wurde das Schiff auf der Heimreise von einem japanischen U-Boot torpediert. Die meisten Besatzungsmitglieder überlebten zwar den Untergang, viele von ihnen wurden aber in den nächsten Stunden von Haien gefressen.

Keine Waffe ist je erfunden worden, ohne auch angewendet zu werden – was sicher auch Albert Einstein klar gewesen sein dürfte. Am 6. August 1945 verglühte Hiroshima im Feuersturm von *Little Boy*, drei Tage später brachte eine Plutoniumbombe das Verhängnis über Nagasaki. Kurz darauf kapitulierte Japan. Der Zweite Weltkrieg war zu Ende.

Die USA waren auf dem Höhepunkt ihrer politischen, militärischen und industriellen Macht. Die Vereinigten Staaten hatten zwölf Millionen Soldaten und verfügten über eine neue, schreckliche Waffe. Ein »Zurück zur Normalität«, wie es nach dem Ersten Weltkrieg die Parole gewesen war, gab es für die USA nach 1945 nicht. Dazu trug auch bei, dass dem heißen Krieg nun ein Kalter Krieg folgte. Die Beziehungen zur Siegermacht Sowjetunion hatten sich schon in den letzten Kriegsmonaten stetig verschlechtert; der neue Präsident Harry Truman zeigte sich gegenüber der weite Teile Europas okkupierenden kommunistischen Großmacht weit weniger konziliant als sein in den letzten Amtsmonaten zunehmend kränker und schwächer werdender Vorgänger Roosevelt. Dass die USA nicht wieder zum Isolationismus zurückkehren würden, zeigte sich in ihrer Position gegenüber den Entwicklungen in Europa und hier ganz besonders gegenüber dem bisherigen Feind, Deutschland. Unter amerikanischem Einfluss – und jenem der beiden anderen »Westmächte«, Großbritanniens und Frankreichs – wurde in dem von diesen besetzten Teil Deutschlands 1949 ein demokratisches Staatswesen gegründet, das sich als vital erweisen und letztlich ein global beneidetes Erfolgsmodell werden sollte, die Bundesrepublik Deutschland. Wie das Land war auch seine ehemalige – und zukünftige – Hauptstadt unter den Siegermächten aufgeteilt worden. Als die Sowjetunion im Juni 1948 die Zufahrtswege zu Lande und zu Wasser zum westlichen Teil Berlins unterbrach, wurde dieser Teil der Stadt vor allem auf amerikanische Initiative hin aus der Luft versorgt. Die Luftbrücke wurde die Grundlage eines neuen

Zusammengehörigkeitsgefühls zwischen Deutschen und Amerikanern – der Beginn einer Partnerschaft, die bislang alle Krisen und Meinungsunterschiede überwunden hat.

Ihre Verpflichtungen den Vereinten Nationen gegenüber trieben die USA jedoch bald schon in ihren nächsten Krieg. Er fand im fernen und bis dahin als unbedeutend betrachteten Korea statt, nachdem Nordkorea das prowestliche Südkorea Ende Juni 1950 angegriffen hatte. Der Krieg dauerte fast drei Jahre und war für Amerikas Selbstverständnis ein Novum: Nachdem keine schnelle Entscheidung zugunsten der von den USA angeführten Truppen der Vereinten Nationen gelungen war, war ein Sieg nicht länger das strategische Ziel. Man war beim Friedensschluss 1953 mit einem opferreichen Erhalt des Status quo zufrieden. Auch im Vietnamkrieg, in den die USA von 1964 bis 1973 verstrickt waren, stand ein totaler Erfolg – dies wäre die Zerschlagung oder Eroberung des kommunistischen Nordvietnams gewesen – nicht auf der Agenda der Politiker in Washington. Diesmal reichte es allerdings nicht einmal zu einem Unentschieden.

Der Koreakrieg zeigte auf beeindruckende Weise den für ein demokratisches Staatswesen essentiellen Primat der Politik gegenüber dem Militär auch in Krisenzeiten exemplarisch auf, was im Laufe der Geschichte in kriegführenden Gesellschaften nicht immer der Fall war. Der amerikanische Oberkommandierende General Douglas MacArthur, ein großer Stratege und nicht ohne Grund auch *American Caesar* genannt, zeigte Ansätze, sich über die Vorgaben der Regierung in Washington hinwegzusetzen. So hielt er es für notwendig, Stützpunkte der »Rotchinesen« anzugreifen, die im Spätherbst 1950 (auch für MacArthur) unerwartet mit Hunderttausenden Soldaten zugunsten der Nordkoreaner in den Konflikt eingegriffen hatten. Auch dem Einsatz von Atombomben gegen das Reich Maos schien der General das Wort zu reden. Präsident Truman hatte die Courage, MacArthur seines Kommandos zu entheben – was in der Tat politischen Mut erforderte, da MacArthur als Volksheld ein triumphaler Empfang in der Heimat beschert wurde und sich die oppositionellen Republikaner um den Generalissimus scharten. Doch der General konnte keinen politischen Nutzen daraus ziehen; Gedankenspiele der Republikaner, ihn zum Präsidentschaftskandidaten 1952 zu erheben, blieben ebendies – Gedankenspiele.[6]

Ein General wurde in jenem Jahr aber dennoch zum nächsten US-Präsidenten gewählt. Es war Dwight D. Eisenhower, im Zweiten Weltkrieg Oberkommandierender der Alliierten in Europa und Architekt der Landung in der Normandie im Juni 1944 und der anschließenden Niederwerfung Nazi-Deutschlands. Die Eisenhower-Jahre (1953 bis 1961) haben in der Nachbetrachtung einen Hauch von »heiler Welt«. Doch hinter der Idylle einer ungeahnten Wohlstand genießenden Gesellschaft brachen die Konflikte auf, die von der Rassentrennung verursacht wurden. Es waren die Jahre, in denen sich die Bürgerrechtsbewegung formierte und in der das Urteil des Obersten Verfassungsgerichts zur Aufhebung der Rassentrennung an Schulen mühsam – unter anderem durch von Eisenhower entsandtes Militär – durchgesetzt werden musste. Gleichzeitig war man sich bewusst, dass der äußere Frieden gefährdet war. Die andere Seite, die Sowjetunion, wurde als eine allgegenwärtige Bedrohung empfunden – durch ihre Militärmacht, aber auch durch die oft diffusen Ängste vor kommunistischen Spionen und »fünften Kolonnen« im eigenen Land. Die Tätigkeit des Senatsausschusses, der mit dem Namen des Senators Joseph McCarthy verbunden ist, hat zu der unrühmlichen Bezeichnung »McCarthy-Ära« für die späten 1940er bis frühen 1950er Jahre geführt – eine Epoche der Denunziation und Bespitzelung, der Demagogie und der Einschränkung bürgerlicher Freiheitsrechte zugunsten eines exzessiven Sicherheitsbedürfnisses und der diesem zuarbeitenden Staatsmacht. Selbst der hoch angesehene ehemalige Vorsitzende der Vereinigten Stabschefs während des Zweiten Weltkrieges, Außenminister und Friedensnobelpreisträger George C. Marshall, dessen Hilfsprogramm für Europa wesentlich zur Erholung des vom Krieg verwüsteten Kontinents beitrug, wurde von McCarthy verdächtigt, »Kommunist« zu sein. Im amerikanischen Kulturleben wurde Arthur Millers *Hexenjagd* zu einer Anklage des McCarthyismus. Die unterschwelligen Ängste der nach außen so friedlich-prosperierenden Epoche spiegeln sich auch in den klassischen Science Fiction-Filmen jener Jahre wider – mit den »Invasionen« Außerirdischer und mit Durchschnittsamerikanern, die von fremden Mächten »umgedreht« werden, um auf geheimnisvolle Weise Amerika zu schaden.

Von den späten 1940er Jahren bis etwa 1990 war der Kalte Krieg gegen die Sowjetunion und ihre Verbündeten das Maß aller Dinge für Amerikas Weltpolitik. Den dramatischen Höhepunkt erreichte der Kalte Krieg direkt vor Amerikas Haustür, in der Karibik. Im Herbst 1962 wurde Kuba der Fokus einer Krise, die die Welt an den Rand eines Atomkrieges brachte. In den inzwischen fast mythischen »13 Tagen im Oktober« bereiteten sich in den USA, aber auch in Europa Menschen auf das Schlimmste vor – mit letztlich hilflosen Maßnahmen wie Hamsterkäufen, der Ausschau nach dem nächsten Bunker und vor allem mit Hoffen und Bangen.

Amerikanische Aufklärungsflugzeuge entdeckten, dass die Sowjets Mittelstreckenraketen und Nuklearsprengköpfe auf Kuba stationiert hatten. Und auch reichlich sowjetisches Personal identifizierten die amerikanischen Analysten –

auf Kuba waren rund 42000 Sowjets stationiert.[7] Ein Angriff auf die Raketen und die anderen Militäranlagen der neuen Schutzmacht Kubas hätte unweigerlich Verluste unter den Sowjets verursacht und damit zweifellos einen Weltkrieg ausgelöst. Sowjetische Mittelstreckenraketen mit einer Reichweite von 1600 Kilometern[8], nur gut hundert Kilometer von der Küste Floridas entfernt, bedeutete andererseits eine neue Qualität der Bedrohung. Bevölkerungszentren wie New Orleans, Houston, Atlanta, ja selbst die Hauptstadt Washington lagen im Fadenkreuz des weltpolitischen Rivalen. Mit einer Vorwarnzeit von nur fünf Minuten konnten die Sowjets einen massiven Erstschlag gegen die USA führen – wenn sie dies gewollt hätten. Nach der Logik des Kalten Krieges war die Stationierung der Raketen für die Sowjetführung um Parteichef Nikita Chruschtschow indes eher ein Schachzug, um sich geopolitische Vorteile zu verschaffen und in den Ländern der Dritten Welt Eindruck zu machen.

Für die USA waren die Raketen aber natürlich inakzeptabel. Der Schwerpunkt der Vorschläge von Präsident John F. Kennedys militärischen Beratern lag auf der militärischen Option, von Luftschlägen bis hin zur Invasion Kubas mit mehr als 100000 Mann. Doch mit dem im November 1960 knapp gegen den Republikaner Richard Nixon gewählten John Fitzgerald Kennedy war ein Politiker einer neuen Generation ins Weiße Haus eingezogen. Der mit 43 Jahren jüngste ins Amt gewählte Präsident aller Zeiten (nur Theodore Roosevelt war noch jünger, als er von seinem Amt als Vizepräsident dem ermordeten Vorgänger McKinley nachfolgte) entstammte der Generation der Kriegsteilnehmer. Allerdings brachte er neben seiner relativen Jugend noch etwas anderes mit ins Amt: Charme, Esprit und Schlagfertigkeit, dazu eine überaus attraktive junge Familie. Dieser Präsident und seine extrem telegene First Lady Jacqueline wurden Medienstars und Trendsetter; das Weiße Haus wurde zu einem Treffpunkt der Hochkultur, an dem Pablo Casals aufspielte und Literaten, Künstler und Nobelpreisträger ein und aus gingen.

Doch Kennedy war nicht nur ein geschickter Kommunikator, er wusste auch Risiken rational abzuwägen. Einer weniger gefährlichen Lösung als dem Angriff auf Castros Insel zum Durchbruch – und letztlich zum Erfolg – verholfen zu haben, ist das bleibende historische Verdienst Kennedys, der in der Kubakrise 1962 seine wohl sprichwörtlich größte Stunde hatte. Kennedy wandte sich in einer Fernsehansprache an die amerikanische Bevölkerung, schilderte die vom *imprisoned island*, dieser zu einem Gefängnis verkommenen Insel ausgehende Gefahr und erklärte, man stelle Kuba unter Quarantäne, würde keine erkennbar mit Kriegsgerät beladenen Schiffe mehr durchlassen.

Dies ließ Zeit für Verhandlungen. Die Sowjets erklärten sich schließlich bereit, ihre Raketen abzuziehen, die Amerikaner würden im Gegenzug binnen Jahresfrist ihre Raketen in der Türkei abbauen. Überall auf der Welt atmete man auf. Kennedy suchte daraufhin einen Ausweg aus Konfrontation und Wettrüsten und hielt am 10. Juni 1963 seine vielleicht wichtigste außenpolitische Rede an der American University in Washington. Er streckte den Sowjets die Hand aus und unterstrich, dass Probleme künftig ausschließlich friedlich gelöst werden müssten. Ziel sei *not merely peace in our time but peace in all time.*

Der Tod des Präsidenten in Dallas am 22. November 1963 war ein Schock für die ganze Nation. Die unglaubliche Gewalttat am helllichten Tage – die Grausamkeit wurde mit der Veröffentlichung des von einem Zeugen, Abraham Zapruder, gefilmten 8-mm-Streifen einige Jahre später allzu offensichtlich – wurde als eine Zäsur wahrgenommen. Dass der vermeintliche Attentäter, Lee Harvey Oswald, fast exakt 48

Stunden später vor laufenden Fernsehkameras ebenfalls ermordet wurde, erschien vielen Amerikanern als kaum zufällig. Der Mord an Präsident Kennedy markiert somit den Beginn eines tiefen Misstrauens gegenüber offiziellen Verlautbarungen und Staatsorganen. Eine Kommission des Kongresses brachte nach langwierigen Recherchen und Zeugenvernehmungen ein umfassendes Dokument, den *Warren Report* hervor, in dem Oswald als alleiniger Täter bezeichnet wird. Die vielen Ungereimtheiten im Zusammenhang mit den dramatischen Ereignissen jenes Freitagmittags in Dallas haben Anlass zu unzähligen Verschwörungstheorien gegeben. Mehr noch: Sie haben die Verschwörungstheorie als Grundbestandteil in der öffentlichen Diskussion der USA fest etabliert – weder Mondlandung noch Terroranschläge noch Flugzeugabstürze noch Präsidentschaftswahlen blieben und bleiben von manchmal abstrusen Begleittheorien verschont. Allein die Wahl von 2016 hatte davon reichlich: etwa die vermeintliche Einflussnahme des FBI-Chefs James B. Comey zu Ungunsten Hillary Clintons, die angebliche Einmischung Wladimir Putins zugunsten Donald Trumps sowie allerlei hasserfüllte und abstruse Gerüchte über die demokratische Kandidatin.

Zur tiefen Desillusionierung vieler Amerikaner mit ihrem politischen System und dessen Repräsentanten trugen weitere Ereignisse in den 1960er Jahren bei: die immer tiefere Verstrickung der USA in den Krieg in Südostasien und die Ermordung zweier Hoffnungsträger im bewegten Jahr 1968, des Bürgerrechtlers und Friedensnobelpreisträgers Martin Luther King und des liberalen Senators und Bruders von John F. Kennedy, Robert Kennedy. Der Gipfel war für viele Zeitgenossen der Machtmissbrauch und die Paranoia im Weißen Haus, die unter dem Begriff *Watergate* zusammengefasst werden.

Der nächtliche Einbruch in das Hauptquartier der Demokratischen Partei im Washingtoner Watergate-Komplex am 17. Juni 1972 war nicht nur eine Straftat. Er war eine unglaubliche politische Dummheit. Der republikanische Präsident Richard M. Nixon und seine Partei konnten der im November anstehenden Wahl mit einer Gelassenheit entgegenblicken, über die weder Nixon noch seine engsten Berater zu ihrem Unglück verfügten. Nixon konnte sich bei nüchterner Analyse einer deutlichen Mehrheit der Wähler sicher sein. Zwar war er als Persönlichkeit nicht unbedingt ein Sympathieträger par excellence, doch seine Politik hatte unzweifelhafte Erfolge vorzuweisen – vor allem seine Außenpolitik. Sein Wahlversprechen von 1968, die amerikanischen Soldaten aus Vietnam abzuziehen, hatte er weitgehend eingelöst. Nixon führte eine aktive Entspannungspolitik und brachte die Welt einen Schritt weit weg von jenem nuklearen Abgrund, an den das Wettrüsten beide Machtblöcke gebracht hatte. Im Frühjahr 1972 besuchte er als erster amerikanischer Präsident Moskau. Wichtigstes Ergebnis der Konferenzen mit Parteichef Leonid Breschnew und seiner Regierung war die Unterzeichnung eines ersten Abkommens zur Begrenzung der strategischen Waffensysteme, genannt *SALT 1*. Eine andere Folge des Moskauer Gipfels war die Übereinkunft, eine Konferenz über Sicherheit und Zusammenarbeit in Europa abzuhalten, was 1975 in Helsinki geschah. Auf diesem Gipfeltreffen (an dem für die amerikanische Seite Nixons Nachfolger Gerald Ford teilnahm) wurden vertrauensbildende und der Transparenz dienende Maßnahmen vereinbart, ohne die die Bildung jener oppositionellen Gruppen in Osteuropa wesentlich schwieriger gewesen wäre, die sich 1989 als Katalysatoren der friedlichen Revolution und damit letztlich des Siegs Amerikas im Kalten Krieg erweisen sollten. Als wahrhaft historisch allerdings galt bereits den Zeitgenossen ein anderer Erfolg der Nixonschen Diplomatie. Am 21. Februar 1972 brach der Präsident zu einem zehntägigen Staatsbesuch nach China auf. Die Gastgeber ließen amerikanische TV-Teams in ungeahnter Stärke ins Land, sodass Nixons Treffen mit Parteichef Mao und Premierminister Chou En-Lai, sein Spaziergang auf der Großen Mauer, seine Gespräche mit »einfachen« chinesischen Bürgern und sein Besuch kultureller Veranstaltungen wie dem Ballett *Das Rote Frauenbataillon* live in amerikanische Wohnzimmer ausgestrahlt werden konnte. Die seit dem Koreakrieg bestehende Eiszeit zwischen beiden Ländern konnte überwunden und ein neues diplomatisches Kapitel aufgeschlagen werden.

Die Erfolge hatten Nixon, einen von Natur aus verschlossenen und misstrauischen Mann, keineswegs souveräner gemacht. Die Affäre, die sich aus dem so widersinnigen Einbruch – die Täter wurden festgenommen – bei den Demokraten entwickelte, machte die Bedeutung kritischer Medien als eine der wichtigsten Säulen einer funktionierenden Demokratie deutlich. Vor allem die *Washington Post* recherchierte unerbittlich und legte schließlich Verbindungen der engsten Berater Nixons mit der Tat sowie eine Lawine von Verschleierungen und Lügen an den Tag. Nixons ohnehin problematischer Charakter verfinsterte sich zusehends, die später veröffentlichten Tonbandaufzeichnungen aus dem Weißen Haus offenbarten eine Sprache und eine Geisteshaltung, die sich die Amerikaner bei ihrem Präsidenten nicht vorzustellen vermocht hatten. Der Justizausschuss des Senats begann mit ersten Untersuchungen zu Watergate, der Vorsitzende Edward Kennedy (Bruder von John und Robert) sagte gegenüber dem Journalisten Carl Bernstein: »Ich kenne die Leute um Nixon. Es sind Ganoven.« Der 73-jährige Senator Sam Ervin, der dieses Komitee leiten sollte, wurde daraufhin von Nixon, wie die Tonbandaufnahmen belegen, als »alter Furz«,

»seniler alter Scheißer«, »unpatriotisch«, »schleimiges Süd-
staaten-Arschloch« oder auch knapp als »alter Arsch« bezeichnet. Zu Beginn des Jahres 1974 hatte das Senatskomitee
seine Arbeit abgeschlossen und übergab seinen 35 Bände umfassenden Bericht dem Repräsentantenhaus, das ein Amts-
enthebungsverfahren *(impeachment)* anberaumen kann, über
das dann der Senat in namentlicher Abstimmung zu entscheiden hat. Der Rechtsausschuss beschäftigte eine ganze
Mannschaft von Anwälten, die sich durch das Beweisma-
terial hindurcharbeiten mussten, unter ihnen eine hoch-
begabte junge Juristin namens Hillary Rodham – die bald
ihrem Namen ein »Clinton« anfügen sollte.

Sie kämpften sich durch die Tonbänder, doch Nixon hatte
längst nicht alle Tondokumente freigegeben. Am 24. Juli entschied der Oberste Gerichtshof – einstimmig –, dass auch die
64 noch fehlenden Bänder dem Komitee zu übergeben seien.
Obwohl einige der Bänder manipuliert worden waren, fand
man schnell das, was man gesucht hatte: *the smoking gun*,
das ultimative Beweisstück. Es war der Mitschnitt eines Ge-
sprächs von Nixon mit seinem Stabschef Bob Haldeman, aus
dem hervorging, dass Nixon die Ermittlungen des FBI wegen
des Einbruchs zu vereiteln suchte. Es war evident: Der Präsident hatte seine Macht missbraucht *(abuse of power)* und er
hatte die Justiz behindert *(obstruction of justice)*. Es konnte
kein Zweifel mehr bestehen, dass ein Amtsenthebungsver-
fahren problemlos die notwendige Zweidrittelmehrheit im
Senat erhalten würde. Am 8. August 1974 trat Richard Nixon
als erster und bisher einziger US-Präsident von seinem Posten zurück. Die amerikanische Präsidentschaft befand sich
auf einem Tiefpunkt. Am gleichen Tag legte Gerald Ford den
Amtseid als 38. Präsident der USA ab. Der lange nationale
Albtraum, so rief er seinen Mitbürgern zu, sei nun vorüber.
Einen Monat später sprach er Richard Nixon das *presidential*

pardon aus, das den Vorgänger vor einer Strafverfolgung bewahrte. Es war ein Schritt, der damals heftig diskutiert und kritisiert wurde. Heute jedoch sieht man in der Begnadigung eher den Schlusspunkt, der dem Land eine weitere Selbstzerfleischung ersparte.

Die Aversion vieler Amerikaner gegen das politische Establishment ging so weit, dass man die Nation bei der Wahl 1976 einem Außenseiter ohne Erfahrung in Washington anvertraute – wenngleich er immer noch eher als Politiker bezeichnet werden konnte als der vierzig Jahre später gewählte Präsident Trump. Man wählte mit Jimmy Carter einen ehemaligen Erdnussfarmer und Gouverneur von Georgia zum 39. Präsidenten. Sein Erfolg über den Amtsinhaber Gerald Ford resultierte vor allem daraus, dass Carter alle Staaten des amerikanischen Südens (mit Ausnahme Virginias) gewinnen konnte – es war, was damals niemand für möglich gehalten hätte, das letzte Mal, dass dies einem Demokraten gelang. Die Präsidentschaft Carters konnte man in ihren ersten zwei bis drei Jahren wohlwollend als durchschnittlich bezeichnen. Sein größter Erfolg war 1978 der Friedensschluss zwischen Israel und Ägypten in Camp David. Die Energiekrise von 1979 mit langen Schlangen vor den Tankstellen und eine zweistellige Werte erreichende Inflationsrate sorgten innenpolitisch indes für eine Krisenstimmung. Carter verbreitete alles andere als Optimismus, als er im Juli 1979 seine berühmte Malaise-Rede hielt. Die Stimmung in den USA war schlecht. Doch es sollte noch weit dramatischer kommen: Der durch den Vietnamkrieg und Watergate angeschlagenen Weltmacht stand eine Demütigung sondergleichen bevor.

Am 4. November 1979 stürmte eine Menschenmenge, die je nach Standort des Betrachters als »Studenten« oder als »Terroristen« bezeichnet werden konnte, die amerikanische Botschaft in Teheran. Sie waren Anhänger des neuen Machthabers im Iran, Ajatollah Khomeini. Die in der Botschaft stationierten Marines verzichteten auf jedwede Gegenwehr, sodass die Erstürmung und Geiselnahme ohne Blutvergießen vonstatten gingen. Die Forderungen der Botschaftsbesetzer zielten vor allem auf eine Auslieferung des zu jener Zeit zu einer Krebsbehandlung in den USA befindlichen, im Jahr zuvor aus dem Iran verjagten Schah. Auch sollten sich die USA für alles in der Vergangenheit dem Iran angetane Unrecht entschuldigen. Die Geiselnehmer ließen nach einigen Tagen mehrere farbige und weibliche Botschaftsangestellte frei. Sechs amerikanischen Diplomaten gelang mit Hilfe ihrer kanadischen Kollegen die Flucht; es war der Stoff für Ben Afflecks 2012 entstandenen Film *Argo*. Für 52 Amerikaner begann indes ein Martyrium von Gefangenschaft, Demütigung, Scheinhinrichtungen und anderen Arten der Folter.

Die Regierung Carter in Washington machte von Anfang an deutlich, dass sie auf eine diplomatische Lösung setzte – wobei allerdings übersehen wurde, dass im Iran Verhältnisse herrschten, bei denen es mitunter schwer war, überhaupt einen Gesprächspartner zu finden. Carter ließ iranische Guthaben in den USA einfrieren – was auf die »Studenten« in der ehemaligen US-Botschaft wenig Eindruck gemacht haben dürfte. Die Geiselnahme drängte für die amerikanische Öffentlichkeit alles andere in den Hintergrund. Mit jedem Tag wuchsen Wut und Frustration. Die Nachrichtensendungen der Fernsehstationen ließen hinter dem *anchorman* die deprimierende Zahlenfolge erscheinen: *Day 31 … Day 64 … Day 122*. Mancherorts wurde jeden Tag ein neues gelbes Band um Bäume geschlungen, das berühmte *yellow ribbon* als Symbol der lange ersehnten Heimkehr, an anderen Stellen wurde mit jedem Tag ein neues Sternenbanner in die Erde gepflanzt. Carter erkannte verbittert, dass nichts anderes mehr in seiner Präsidentschaft zählte – und spürte mit jedem Tag, dass die Amerikaner größere Zweifel an seiner Führungskraft überkamen.

Im Frühjahr 1980 entschloss sich Carter endlich, einen militärischen Befreiungsversuch anzuordnen. Er wurde zum Fiasko und zu einer neuerlichen Demütigung für die USA. In einem Sandsturm wurden mehrere der für die Aktion benötigten Hubschrauber beschädigt. Carter ließ die Aktion abbrechen. Auf dem Behelfsflugplatz in der Wüste stießen bei der Evakuierung eine Transportmaschine und ein Hubschrauber zusammen, in dem Inferno verbrannten acht Amerikaner.

Die Präsidentschaft von Jimmy Carter war damit endgültig gescheitert. Gut ein halbes Jahr später wählten die Amerikaner mit einem Erdrutschsieg den Republikaner Ronald Reagan ins Weiße Haus – die Wahl rückte Amerikas politische Landschaft bis auf den heutigen Tag deutlich nach rechts, der von Carter noch gewonnene Süden ist in der Gegenwart weitgehend fest in der Hand der Republikaner. Die Geiseln kamen am Tag der Amtseinführung Reagans und nach 444 Tagen Freiheitsberaubung am 20. Januar 1981 frei.

Reagan war mit dem Anspruch angetreten, Amerika wieder stark zu machen – Donald Trumps Wahlslogan *Make America great again* ist ein Echo dieser Kampagne. Zunächst sah es so aus, als würde der vierzigste Präsident, der älteste ins Amt gewählte Politiker, dazu keine Gelegenheit bekommen. Am 30. März 1980 verübte ein mental gestörter Mann, der mit der Tat der Schauspielerin Jodie Foster seine Leidenschaft beweisen wollte, ein Attentat auf Reagan. Die Kugel kam etwas mehr als einen Zentimeter vom Herzen des Präsidenten zu liegen. Zu Reagans Glück ereignete sich das Attentat inmitten Washingtons und der Präsident befand sich wenige Minuten später in Betreuung durch ein hochkompetentes Ärzteteam.

Reagan machte die USA in der Tat außenpolitisch wieder stark, rüstete auf und setzte die Sowjets mit seiner Initiative, im All ein lasergestütztes System zur Abwehr von Nuklearraketen – *Strategic Defense Initiative* (SDI), auch *Star Wars* genannt – zu installieren, immens unter Druck. Die Militäraktion auf der Karibikinsel Grenada im Oktober 1983 tat dem Selbstbewusstsein der Amerikaner und ihres Militärs ebenfalls gut, auch wenn die dortigen Truppen eines kommunistischen Putschisten und seiner kubanischen »Berater« kein Gegner von Weltrang waren. Die Stimmung im Lande jedenfalls besserte sich psychologisch und ökonomisch, sodass Reagan im November 1984 bei seiner Wiederwahl den höchsten Sieg im Wahlmännerkollegium seit dem fast einstimmigen Ergebnis von James Monroe 1820 einfahren konnte. Dem vor allem von linken Kritikern in Europa als »kalter Krieger« oder »schießwütiger Cowboy« verunglimpften Reagan gelang schließlich ein lange ersehnter und kaum für möglich gehaltener Durchbruch in der Entspannungspolitik, als er in der Sowjetunion einen kongenialen Partner in Michail Gorbatschow fand. Dieser kam 1985 an die Macht, nachdem das riesige Land innerhalb von drei Jahren das Ableben ebenso vieler gerontokratischer Parteiführer, nämlich Leonid Breschnews, Juri Andropows und Konstantin Tschernenkos, hatte erleben müssen. Das Team von Vizepräsident George H. W. Bush, das stets dessen Reisen zu Trauerfeiern planen musste, entwickelte den fatalistischen Slogan *You die, we fly!*

Reagan und Gorbatschow kamen in harten Verhandlungen bei mehreren Gipfeltreffen zu einem Durchbruch und einigten sich auf die Abschaffung einer ganzen Klasse von Atomwaffen, den in Europa stationierten Mittelstreckenraketen und Marschflugkörpern. Nur wenige Monate nach

Reagans Abschied aus dem Weißen Haus im Januar 1989 kam es zu den Umwälzungen in den Staaten des bisherigen Warschauer Paktes, die Sowjetunion löste sich im Dezember 1991 auf.

Die Stellung der USA als alleiniger Weltmacht schien unzweifelhaft und unanfechtbar. Die militärtechnologische Überlegenheit wurde im Krieg zur Befreiung Kuwaits im Januar/Februar 1991 offensichtlich. Doch die Nation war nicht unangreifbar, nicht unverwundbar. Mit primitivsten Waffen setzten sich am 11. September 2001 insgesamt 19 Terroristen, die meisten von ihnen saudi-arabische Staatsbürger, in den Besitz von vier Passagierflugzeugen und machten aus diesen fliegende Bomben. Die Zerstörung des World Trade Centers, der Angriff auf das Pentagon und der Absturz einer Maschine in Pennsylvania waren ein grauenhafter Schock für die amerikanische Nation, der immer noch nachwirkt. Die Offenheit einer demokratischen Gesellschaft war zu ihrer Achillesferse geworden. Fanatisierte Massenmörder, die einem Märtyrerkult anhingen und in einem Paradies Belohnung von ihrem Gott erwarteten, waren nicht nur im Lande, sondern konnten dort auch ungestört Flugunterricht nehmen. Jener strahlend schöne Spätsommertag hat die USA verändert wie wohl kein einzelnes Ereignis ihrer Geschichte, nicht einmal das ebenso überraschende Pearl Harbor. Nicht nur haben die USA seither zwei große Kriege und zahlreiche Militäreinsätze geführt; das Gefühl, im eigenen Land, im Büro oder unterwegs, sicher zu sein, ist an jenem Tag begraben worden. Die Sicherheitssperre – in Museen, auf Flughäfen, in Forschungseinrichtungen, bei Sportveranstaltungen – ist Teil des Alltagslebens geworden. Nicht nur in den USA – Ortsnamen, die für urplötzliches Grauen stehen wie Paris und Nizza, London, Madrid, Kopenhagen, Berlin und eine Redaktion namens *Charlie Hebdo* zeigen auf, in welch ähnlicher Situation sich die freiheitlichen Demokratien des sogenannten »Westens« befinden. Eines Westens, der durch die USA mehr geprägt und definiert ist als wohl durch jedes andere Land.

In jenem Schicksalsjahr 1989, als der Kalte Krieg nach heutiger Einschätzung zu Ende ging, publizierte der Politikwissenschaftler Francis Fukuyama seine viel beachtete These von *The End of History,* die 1992 als Buch erschien. Mit dem Sieg der liberalen westlichen Demokratie unter amerikanischer Führung im Wettstreit der Systeme, so die Hypothese des Intellektuellen, sei die Geschichte quasi an ein Ende gelangt. Ein weiteres Vierteljahrhundert später kann man angesichts von Migrantenströmen und religiös motiviertem Terrorismus, angesichts des Erstarkens autoritärer Systeme und Staatenlenker sowie den immer spürbarer werdenden Bedrohungen durch den Klimawandel nur konstatieren, dass auch Stanford-Professoren gründlich danebenliegen können.

4. Die Säulen der Macht: Weißes Haus, Kapitol und Supreme Court

Richard Rorty war es nicht vergönnt – oder: blieb es erspart –, seine Zukunftsvision in Erfüllung gehen zu sehen. Der berühmte Philosoph und politisch weit links stehende Professor an einigen der besten amerikanischen Universitäten (Princeton, Stanford, University of Virginia) brachte 1997 sein *Achieving Our Country* (dt. *Stolz auf unser Land*) heraus, in dem er vorhersagte, dass eine von der Politik und den Eliten vernachlässigte Arbeiterklasse ihre eigene Marginalisierung irgendwann nicht länger hinnehmen werde: »Die nicht in den gepflegten Vororten lebende Wählerschaft wird zu dem Schluss kommen, dass das System sie im Stich gelassen hat, und nach einem starken Mann Ausschau halten – jemand, der bereit ist, ihnen zu versprechen, dass nach seiner Wahl die selbstgefälligen Bürokraten, die verschlagenen Anwälte, die überbezahlten Investmentberater und die postmodernistischen Professoren nicht länger den Ton angeben werden. Was dann wahrscheinlich passieren wird, ist, dass die Fortschritte, die in den letzten vierzig Jahren von schwarzen und braunen Amerikanern und von Homosexuellen gemacht wurden, ausradiert werden. In zotige Witze verkleidete Verachtung von Frauen wird wieder in Mode kommen. Die ganze Wut, welche sich bei schlecht gebildeten Amerikanern darüber angesammelt hat, dass Universitätsabsolventen ihnen Manieren beizubringen versuchen, wird ein Ventil finden.«[1]

Rorty starb 2007. Knapp zehn Jahre später wurde sein Buch wiederentdeckt, erschien seine Vorhersage doch geradezu gespenstisch präzise. Die Präsidentschaftswahl vom November 2016 wurde in der Tat von einer breiten, enttäuschten und wütenden Wählerschicht entschieden. Es waren die eher bildungsfernen weißen Männer und Frauen in den *Rust-Belt*-Staaten, deren ökonomische Glanzzeit lange zurückliegt und in denen ganze Industrielandschaften vor sich hingammeln, die den Wahlsieg Donald Trumps möglich machten. Ja, auch Frauen! Dies war eine der zahlreichen Sensationen bei der Nachwahl-Analyse: Die Auguren hatten prophezeit, dass Wählerinnen ein Machtfaktor zugunsten Hillary Clintons sein würden, da Trump angeblich – so die *anchormen* und Diskussionsrunden bei CNN und anderen Mainstream-Medien – doch frauenfeindlich sei. Dass er der erste Sieger einer Präsidentenwahl mit weiblichem Wahlkampfmanager sein würde, gehört zu den Ironien des Wahlausgangs. Doch Clinton konnte bei Frauen – die in den letzten Wahlen stets mehrheitlich die Demokraten wählten – gegenüber dem demokratischen Ergebnis der Wahl von 2012 nur einen einzigen Prozentpunkt zulegen.[2] Bei weißen Frauen, die kein College besucht haben, betrug der Vorsprung Trumps gegenüber Clinton 28 Prozent.

Hinterher weiß man immer mehr. Als das Wahlresultat feststand, wurde nach Ursachen gefahndet. Die Vernachlässigung der Arbeiterklasse und auch der weißen Mittelschicht wurde schnell als der entscheidende Faktor erkannt. Bemühungen von Lokalpolitikern, Hillary Clinton zu einem Auftritt zum Beispiel in Michigan zu bewegen, so lernte man, waren gescheitert. Der Staat hatte in jüngster Zeit immer den demokratischen Kandidaten gewählt, er galt als sicher. Ebenso Wisconsin, Pennsylvania und Ohio – allesamt Staaten, die bereits bessere Tage gesehen haben, die teilweise einen Bevölkerungsrückgang erleiden und dies in einem Land mit stetig steigender Einwohnerzahl. Neben den Frauen, so die Experten, würden es vor allem die Latinos richten, nachdem Trump pauschale Urteile über Mexikaner artikuliert hatte. In Florida indes, das im Gegensatz zu den *Rust-Belt*-Staaten boomt und wächst, kam es ebenfalls zu einer Wende: Der *Sunshine State*, der zweimal für Barack Obama stimmte, ging an Trump und die angeblich vergraulten Bürger lateinamerikanischer Abstammung wählten zwar mehrheitlich demokratisch, doch nicht im erwarteten Maß: Trump erhielt praktisch den gleichen Stimmenanteil wie vier Jahre zuvor der Republikaner Mitt Romney, der sich stets viel verbindlicher auszudrücken pflegt als Trump.

Für den politischen Alltag in den nächsten Jahren erwies sich eine andere Prognose der Experten und der Medien in dieser an Überraschungen so reichen Wahl als besonders schicksalhaft. Da Trump auf so viel Ablehnung, auch unter republikanischen Stammwählern, stoße, sei zu erwarten, dass die Wahlsiegerin Clinton reichlich demokratische Kongresskandidaten mit auf die Siegerstraße bringen würde. Es ist ein altbekanntes Phänomen bei US-Präsidentschaftswahlen, dass deren Sieger auch seinen Parteifreunden, die am gleichen Tag um den Einzug in Senat und Repräsentantenhaus ringen, einen Schub verleiht und sie *on his coattails*, also an seinen Frackschößen mitzieht.[3] Auf Seiten der Demokraten war man ziemlich fest davon ausgegangen, dass die Partei wie früher eine Senatsmehrheit bekommen würde. Und auch das weitaus schwierigere Ziel, das Repräsentantenhaus zu erobern, wurde nicht mehr ganz ausgeschlossen. Eine ganze Reihe republikanischer Kongresskandidaten distanzierte sich von Trump, um ihre eigenen Wahlchancen nicht zu gefährden – man wollte nicht in eine Niederlage hineingezogen werden, die nach manchen Umfragen in den

Wochen vor der Wahl möglicherweise erdrutschartig ausfallen würde.

Es kam ganz anders. Die Meinungsforscher und Journalisten lagen mehrheitlich daneben und sehen sich nun gemeinsam mit dem ganzen Land einer Situation ausgesetzt, welche in einem politischen System eher eine Ausnahme darstellt, das *checks and balances*, eine Machtbalance zwischen Exekutive und Legislative vorsieht. Ein republikanischer Präsident wird es mit einem Kongress zu tun bekommen, der in beiden Kammern eine republikanische Mehrheit hat. Wird jetzt also ein Präsident problemlos all das durchsetzen können, was er im Wahlkampf angekündigt – oder vielmehr angedroht – hat? Es ist nicht zu erwarten: Mehrheiten im Kongress jener Partei, die auch den Präsidenten stellt, hat es wiederholt gegeben. Doch die Interessenlage vieler Volksvertreter ist in zahlreichen Fragen eine andere als die des Mannes im Weißen Haus. Gemäß der Weisheit von Präsident Harry Truman, wonach jede Politik sich letztlich auf lokaler Ebene entscheide, wird der Kongressabgeordnete und in geringerem Maße der Senator von Gegebenheiten seines Heimatstaates und Anliegen seiner Wähler getrieben, die nicht auf einer Linie mit den Vorstellungen des Präsidenten liegen müssen. Und natürlich spielen bei den Volksvertretern auch die Interessen jener Kräfte eine Rolle, die sich als Sponsoren in den Wahlkämpfen des *congressman* oder des Senators betätigen, von Lobbygruppen im Dienste von *Big Oil*, *Big Tobacco*, von Landwirtschaftsverbänden und von der Gralshüterin des unbegrenzten Waffenbesitzes, der National Rifle Association (NRA). Nur wenige Präsidenten hatten eine so starke Partei hinter sich wie Franklin D. Roosevelt und seine Demokraten nach der Wahl von 1936. Sein Ansinnen indes, den Obersten Gerichtshof durch zusätzliche, ihm und seiner Politik gewogene Juristen zu erweitern, fiel im Kongress krachend durch. Präsident Johnson trug 1964 bei seinem damals einen Rekord darstellenden Wahlerfolg über seinen erzkonservativen republikanischen Herausforderer Barry Goldwater so viele Parteifreunde mit zum Sieg, dass die Demokraten über eine Zwei-Drittel-Mehrheit in beiden Häusern verfügten. Dennoch war das Regieren für ihn nicht einfach, vor allem sein liberales Bürgerrechtsprogramm und sein Kampf gegen die Armut stießen bei konservativen Demokraten auf Widerstand.

Die Verfassungsväter, die von Mai bis September 1787 in Philadelphia tagten, schufen die Grundlage für ein Staatswesen, in dem keine der drei Gewalten ein Übergewicht bekommen sollte, weder die Exekutive (der Präsident) noch die Legislative (der Kongress) noch die Jurisdiktion (der Supreme Court, der Oberste Gerichtshof). Sie legten es nicht nur in der *U. S. Constitution*, dem Gründungsdokument, fest, sondern meißelten es bildlich gesprochen auch noch in Stein. Davon kann sich jeder Besucher der Hauptstadt überzeugen, in welcher sich der Standort der Legislative auf dem Capitol Hill und der Amtssitz der Exekutive in einer beträchtlichen räumlichen Trennung voneinander befinden, an geradezu diametral entgegengesetzten Punkten. Und doch gibt es Verbindendes, eine prächtige Allee, die Pennsylvania Avenue, die der Präsident hinunter muss, wenn er zu den Volksvertretern sprechen möchte. Der wichtigste Anlass dafür ist die *State of the Union Address*, die Ansprache zur Lage der Nation, die im 19. Jahrhundert im Kongress verlesen wurde, die indes Woodrow Wilson als Erster persönlich vor den Abgeordneten beider Kammern hielt. Dies ist längst zu einer zelebrierten Tradition der amerikanischen Demokratie geworden. Wenn heute der Präsident diese Ansprache hält, werden in den dann viel zu kleinen Sitzungssaal des Repräsentantenhauses neben diesen Abgeordneten auch die Senatoren, die

Obersten Bundesrichter, das Kabinett sowie zahlreiche Gäste geladen. Für viele Passagen bekommt der Präsident dabei Beifall von allen Kongressmitgliedern – der Abend dient vor allem dazu, die amerikanische Demokratie zu feiern und eine nationale Einheit zu demonstrieren, die im politischen Alltag natürlich nicht existiert.

Die Gewaltenteilung auch städtebaulich zu symbolisieren, war ein Grundprinzip bei der Planung der Stadt Washington. Nach der Gründung der USA wetteiferten mehrere Städte um die Ehre, Hauptstadt der neuen Nation zu werden. Neben den Metropolen New York und Philadelphia – das von 1790 bis 1800 tatsächlich Regierungssitz war – sahen sich auch Orte wie Carlisle in Pennsylvania und Fredericksburg in Virginia als Bewerber. Der Kongress entschied allerdings, eine ganz neue Hauptstadt anzulegen, die von jedem der zunächst 13 Einzelstaaten unabhängig sein würde. Ein Standort am Potomac bot sich an, da dieser relativ in der geographischen und demographischen Mitte lag und außerdem seine Nähe den ersten Präsidenten erfreuen würde – George Washingtons Mount Vernon liegt quasi vor der Haustür. So gaben schließlich Maryland und Virginia jeweils etwas von ihrem Gebiet ab, sodass ein Quadrat mit zehn Meilen Kantenlänge als District of Columbia, dem offiziellen Namen der Hauptstadt, geschaffen wurde. Den virginischen Teil gab die Stadt Washington in den 1840er Jahren wieder an diesen Staat zurück, sodass der heutige Stadtplan Washingtons drei wie mit dem Lineal gezogene Grenzen aufweist und, im Süden, eine geschlängelte: den Potomac River.

Für das städtebauliche Konzept der neuen Hauptstadt und das in diesem ausgedrückte Prinzip der Gewaltenteilung zeichnete ein Europäer verantwortlich. Der französische Architekt Pierre Charles L'Enfant hatte auf Seiten der Amerikaner im Unabhängigkeitskrieg gekämpft und wurde 1791 mit der Planung der Federal City (wie die Hauptstadt vor dem Ableben von Gründervater George Washington zunächst hieß) betraut. Sein Plan sah ein Schachbrettmuster von Straßen vor, die von diagonalen Achsen – sie heißen Avenues und tragen die Namen von Bundesstaaten– durchzogen sind. Der Sitz der Volksvertreter, der in Anlehnung an die römische Republik *Capitol* genannt wurde, sollte weithin sichtbar auf einem Hügel, dem Jenkins Hill, entstehen, der Sitz des Präsidenten in respektvoller Entfernung. Seine Herkunft als Sohn des absolutistischen Frankreich konnte L'Enfant in diesem Punkt nicht verleugnen: Er plante einen *President's Palace*, bei dem er sich wohl von Erinnerungen an das heimische Versailles hatte inspirieren lassen. Dieser Palast wäre fünfmal so groß gewesen wie das dann tatsächlich errichtete Gebäude. So ist das Weiße Haus glücklicherweise einem großbürgerlichen Anwesen ähnlicher als dem Schloss eines Aristokraten – was einer Demokratie gut zu Gesicht steht. Es wird auch *The People's House* genannt, in welches für vier oder acht Jahre der höchste Angestellte des amerikanischen Volkes einzieht.

Um 1600 Pennsylvania Avenue für diesen begrenzten Zeitraum als eigene Adresse zu bekommen, ist ein Wahlprozess erfolgreich zu absolvieren, wie es ihn in dieser Struktur, dieser Intensität und auch zeitlichen Dauer in keiner anderen westlichen Demokratie gibt. Er besteht aus zwei Akten: den *primaries*, den Vorwahlen, und der eigentlichen Präsidentschaftswahl, der *general election*. Filmaufnahmen, die John F. Kennedy bei der Verkündung seiner Kandidatur für das Präsidentenamt zeigen, sind Zeugnisse einer vergangenen Epoche. Kennedy, ein junger demokratischer Senator für Massachusetts, trat mit dieser Botschaft am 2. Januar 1960 vor die Kameras – im gleichen Jahr, in dem dann, im November, die Präsidentschaftswahlen stattfanden. Heute wäre dies undenkbar; die Kandidaten werfen im Laufe des Vorjahres ihren sprichwörtlichen Hut in den Ring, ziehen lange vor dem eigentlichen Wahljahr durch die bei Vorwahlen besonders relevanten Staaten und nehmen an Fernsehdebatten mit ihren Konkurrenten teil. Zunächst findet in Iowa traditionsgemäß der erste *caucus*, eine Art Wählerversammlung, statt, danach gibt es die erste *primary* in New Hampshire. Manche Kandidaten, die in diesen beiden Wahlgängen enttäuschend abschneiden, werfen bereits zu diesem frühen Zeitpunkt das Handtuch. Keiner der beiden Staaten ist demographisch von überdurchschnittlicher Bedeutung, doch der psychologische Effekt dieser ersten Ergebnisse ist immens. Im Jahr 2008 gewann Barack Obama in Iowa und galt plötzlich als Spitzenreiter. Nur wenige Tage später in New Hampshire gewann dann die Kandidatin, die viele in der Favoritenrolle gesehen hatten: Hillary Clinton. Es entspann sich eine lange und teilweise bittere Vorwahlkampfsaison, die Obama schließlich gewann. Der neue Präsident ernannte Clinton zur Außenministerin.

Nach diesen beiden ersten Entscheidungen, typischerweise im tiefsten Winter, geht es die nächsten Monate mit *caucuses* und *primaries* weiter; ein Höhepunkt ist meist ein *Super Tuesday*, an dem acht, zehn oder mehr Staaten gleichzeitig Vorwahlen abhalten. Eine Besonderheit des politischen Systems der USA: Es gibt keine klassische Parteimitgliedschaft, kein »Parteibuch«. Eine politisch interessierte Bürgerin kann sich als *Democrat* oder *Republican* registrieren lassen. Oder als *Independent* – einige Vorwahlen sind nämlich »offen«, auch Wähler, die sich zu keiner Partei bekannt haben, dürfen dann an den *primaries* teilnehmen. Die Zahl der Delegierten, die bei den Vorwahlen für den entscheidenden Wahlparteitag bestimmt werden, ist sehr groß: Bei den Demokraten waren es 2016 mehr als 4700 Delegierte, bei den Republikanern fast 2500. Böses Blut gab es bei den Demokraten, weil hier nicht weniger als 716 dieser Personen unabhängig vom Ausgang der Vorwahlen bereits im Vorfeld feststanden. Es waren die sogenannten »Superdelegierten«: Parteiprominenz wie Abgeordnete und besonders herausragende Aktivisten. Fast alle dieser Superdelegierten waren auf Hillary Clinton eingeschworen, sodass die Anhänger ihres Herausforderers Bernie Sanders der *Clinton machine* vorwarfen, das Wahlsystem korrumpiert zu haben. Nicht wenige dieser demokratischen und recht weit links stehenden Stammwähler sollen es bei der eigentlichen Wahl nicht über sich gebracht haben, für Clinton zu stimmen und lieber zu Hause geblieben sein.

Oft ist die Frage des Präsidentschaftskandidatur bei den beiden großen Parteien aufgrund der Vorwahlergebnisse geklärt, bevor der Höhepunkt des Wahlkampfes zelebriert wird: der Wahlparteitag, die *convention*. Das ist vor allem eine grandiose Selbstdarstellung der Partei und ihres Spitzenkandidaten, wie sie Hollywood nicht besser inszenieren könnte. Gelegentlich kann ein Wahlparteitag jedoch auch einmal spannend sein. So wie bei dem Rekordhalter in der Geschichte der *conventions*, als die Delegierten der Demokratischen Partei im New Yorker Madison Square Garden zusammenkamen. Statt der erwarteten, stets mit enthusiastischer Aufbruchsstimmung versehenen Nominierung wurde es ein Marathon mit wenig verheißungsvollem Ausgang. Über fast zwei Wochen zog sich das Geschehen hin, am Ende bedurfte es epochaler 103 Wahlgänge, um eine Entscheidung zu treffen, die nur ein Notbehelf war: Keiner der Favoriten, keiner der Gewinner der damals noch wenigen Vorwahlen wurde nominiert, sondern ein Verlegenheits- und Kompromisskandidat mit dem Allerweltsnamen John Davis. Es war das Wahljahr 1924, und nicht einmal die Tatsache, dass in der riesigen Veranstaltungshalle im Herzen Manhattans drückende Sommerhitze herrschte, konnte die Delegierten dazu bringen, schneller zu einer Entscheidung zu finden. Viele von ihnen ahnten, wie schwach nach diesem Desaster die Position ihres Kandidaten war: Davis verlor im November deutlich gegen den republikanischen Amtsinhaber Calvin Coolidge.

Unter den heutigen Wählern ist es eine hochbetagte Minderheit, die einen Parteitag, bei dem der Sieger nicht von vornherein feststand, als wahlberechtigte Erwachsene oder gar selbst als Delegierte miterlebt haben. Zuletzt 1952 benötigte der Kandidat der Demokraten mehr als einen Wahlgang, um nominiert zu werden: Adlai Stevenson schaffte es bei der dritten Abstimmung und verlor im Herbst gegen Dwight D. Eisenhower. Dabei trat zum letzten Mal ein Grundmerkmal einer solchen *contested convention* hervor: Nach dem ersten Wahlgang unterliegt die Loyalität der Delegierten nicht mehr der festen Bindung an den Kandidaten, dem sie zunächst verpflichtet waren – ein gewichtiger Grund, um möglichst während der *primary season* die für eine Entscheidung im ersten Wahlgang notwendige Mehrheit der Delegierten zusammenzubekommen. Es galt für viele Jahre als eine Art ungeschriebenes Gesetz, dass der *frontrunner* es bis zum dritten Wahlgang geschafft haben musste – ansonsten beginnt die Suche nach einem Kompromisskandidaten. Einige der größten US-Präsidenten benötigten mehrere Wahlgänge: Franklin D. Roosevelt wurde 1932 erst in der vierten Abstimmung nominiert, Abraham Lincoln 1860 im dritten Wahlgang. Zieht sich das Verfahren hin, können Politiker ins Spiel kommen, die vorher offiziell gar nicht kandidierten – nicht immer ist so ein Kompromiss- oder *dark horse*-Kandidat so schwach wie Davis 1924. James Knox Polk, der 1844 im neunten Wahlgang zum Kandidaten und im November dann zum Präsidenten gewählt wurde, vergrößerte das Staatsgebiet der USA nach dem erfolgreichen Krieg gegen Mexiko beträchtlich.

Wenn jedoch die Kandidatenkür nach einem klaren Resultat der Vorwahlen problemlos über die Bühne gegangen ist, steht – neben all den Showeinlagen eines solchen Parteitages – eine zentrale Entscheidung an, die früher erst auf der *convention* bekannt gegeben wurde, im Jahr 2016 indes auf beiden Seiten bereits im Vorfeld des Parteitages fiel. Es gilt, den *running mate* auf dem Ticket zu nominieren, den Kandidaten für das Amt des Vizepräsidenten. Dieses wurde in den frühen Jahren der Republik als eine Art Abstellgleis für einen Politiker angesehen; aus dieser Zeit gibt es ein Bonmot von einem Mann, der zwei Söhne hatte: Einer ging zur See, der andere wurde Vizepräsident der USA und von beiden hat man nie wieder etwas gehört. Immerhin aber gibt die Verfassung dem Vizepräsidenten eine wichtige Aufgabe: Er steht dem Senat vor und hat, falls es dort bei einer Abstimmung zum Patt kommt, die entscheidende Stimme. Die wahre Bedeutung des Amtes besteht allerdings darin, dass der Inhaber den sprichwörtlichen einen Herzschlag von der Präsidentschaft entfernt ist. Die junge Nation wurde der Bedeutung des zweiten Namens auf dem Stimmzettel ein halbes Jahrhundert nach Einführung des Präsidenten- und des Vizepräsidentenamtes gewahr. Der Sieger der Wahl von 1840 war der Ex-General William Henry Harrison, der zwei Rekorde miteinander auf tragische Weise verband: Der 69-Jährige war der bis zu diesem Zeitpunkt älteste Präsident (worin er seither nur von Ronald Reagan und Donald Trump übertroffen wurde) und er hielt bei seiner Amtseinführung die mit mehr als 8000 Wörtern längste und sich über zwei Stunden hinziehende *Inaugural Address*, die Antrittsrede. Es regnete an diesem kalten 4. März 1841 und Harrison verzichtete – wohl um seine Vitalität und eiserne Gesundheit zu demonstrieren – auf einen Mantel. Vier Wochen später war er tot, offenbar als Folge einer Lungenentzündung. Es war Harrisons dritter Rekord: Präsident mit der kürzesten Amtszeit. Man ließ den bislang weitgehend beschäftigungslosen Vizepräsidenten John Tyler von seinem Landsitz in Virginia nach Washington eilen, wo er vereidigt wurde. John Tyler machte für alle Zeiten deutlich, dass der Vize im Moment der Amtsübernahme ein vollwertiger Präsident und nicht nur, wie manche Beobachter bis dahin mutmaßten, ein quasi provisorischer Staatschef ist: Post, die mit der Aufschrift *Acting President* im Weißen Haus ankam, ließ Tyler ungeöffnet zurücksenden.

Insgesamt ist es bislang neun Mal vorgekommen, dass ein Vizepräsident plötzlich dem Präsidenten im Amt folgen musste. Vier Präsidenten wurden, wie bereits geschildert, ermordet, vier andere Präsidenten starben an einer mehr oder weniger natürlichen Ursache: Nach William Henry Harrison waren dies Zachary Taylor 1849 (wahrscheinlich Typhus oder eine ähnliche Darminfektion), Warren Harding 1923 (das Herz, auch wenn einige Verschwörungstheoretiker eine Vergiftung vermuten) und Franklin D. Roosevelt (das Herz). Und, wie bereits gesagt, erst ein Präsident musste zurücktreten: Richard Nixon im August 1974 als Folge der Watergate-Affäre. Die Erinnerung an Kurzzeitpräsident William Henry Harrison mag Anlass sein, auf eine besondere Merkwürdigkeit hinzuweisen. Für eine Nation, die aus einer Rebellion gegen (die britische) Monarchie und Adel entstanden ist, tummeln sich unter den amerikanischen Präsidenten und Vizepräsidenten auffallend viele Angehörige einiger weniger Familien. Harrisons Enkel Benjamin Harrison kam im Gegensatz zu seinem Opa von 1889 bis 1893 in den Genuss einer vollen Amtszeit. Zwei Vater-Sohn-Konstellationen finden sich unter den Präsidenten: John Quincy Adams verlor nach seiner Amtszeit 1825 bis 1829 ebenso die angestrebte Wiederwahl wie sein Vater mehr als ein Vierteljahrhundert zuvor. Auch George Herbert Walker Bush war von 1989 bis 1993 nur eine Amtszeit beschieden, sein Sohn George W. Bush verbrachte hingegen acht Jahre, von 2001 bis 2009 im Weißen Haus.[4] Ein nachdenklich stimmendes Detail ist die Tatsache, dass, sieht man von 2012 ab, das letzte Wahljahr, in dem weder eine Person mit Familiennamen Bush noch eine solche mit Namen Clinton antrat, inzwischen mehr als vier Jahrzehnte zurückliegt – 1976.

Um bei Kuriosa zu bleiben, sei an dieser Stelle das Paradoxon der Präsidentenzählung erklärt. Dass George Washington der erste war und Donald Trump der 45. ist, klang schon verschiedentlich an. Die Frage, wie viele Individuen bislang Präsident der USA waren, liefert indes die etwas überraschende Antwort: 44. Schuld daran ist ein Gentleman namens Grover Cleveland. Er wurde 1884 zum 22. US-Präsidenten gewählt, verlor 1888 gegen den gerade erwähnten Benjamin Harrison und genoss 1892 seine Revanche, als er seinerseits Harrison besiegte. So wurde aus dem 22. Präsidenten der 24. Präsident und in dieser Doppelfunktion bringt der Mann, dessen Porträt sich auf dem sehr seltenen 1000-Dollar-Schein befindet, für alle Zeiten die Präsidentenzählung durcheinander.

Der Modus der Bestimmung des Vizepräsidenten markiert einen der wesentlichen Fehler der weithin verehrten Verfassungsväter von 1787. Diese Unzulänglichkeit wurde bereits nach der Wahl von 1800 offensichtlich. In dieser ersten Wahl, in der sich zwei allmählich formierende rivalisierende Parteien gegenüberstanden, wurde der große Geburtsfehler des jungen Wahlsystems offensichtlich. Im Wahlmännergremium wurde der Kandidat mit den meisten Stimmen zum Präsidenten, der mit den zweitmeisten Stimmen zum

Vizepräsidenten erklärt. Um den »richtigen« Kandidaten des Tickets zum Präsidenten zu machen, galt es als notwendig, dass mindestens ein Wahlmann dem Vizepräsidentschaftskandidaten der gleichen politischen Gruppierung seine Stimme versagte, ein als *throw away* bezeichneter Vorgang. Auf Seiten der Elektoren der siegreichen *Democratic-Republicans* (Vorläufer der heutigen Demokraten) vergaß man diesen Schritt bei der Abstimmung. So erhielten im Kollegium der Kandidat für die Präsidentschaft, Thomas Jefferson, und der eigentlich für das zweithöchste Staatsamt vorgesehene Aaron Burr die gleiche Stimmenzahl: 73. Plötzlich stand dem ehrgeizigen Burr der Sinn nach Höherem, auf seine Äußerung, er wolle nicht Präsident werden, wartete man vergebens. In Fällen, in denen kein Kandidat eine Mehrheit der Wahlmännerstimmen hat, entscheidet auch heute das Repräsentantenhaus. Auch hier gibt es eine Merkwürdigkeit: Im Gegensatz zu allen anderen Abstimmungen in der Kammer wird nicht nach Abgeordneten, sondern nach Staaten abgestimmt. Für Jefferson stimmten damals acht Staaten, für Burr sechs und die Delegationen zweier weiterer Staaten waren gespalten und konnten keine gültige Stimme abgeben. Erst im 36. Wahlgang fand sich eine Mehrheit für Jefferson. Als Lehre aus dem Debakel verabschiedete der Kongress 1804 einen Verfassungszusatz, der die Wahl von Präsident und Vizepräsident im Kollegium trennte und das heute übliche Verfahren begründete, bei dem man seine Stimme für ein »Ticket« abgibt, das aus der Kandidatin oder dem Kandidaten für die Präsidentschaft und der oder dem für die Vizepräsidentschaft besteht.

Das Wahlmännerkollegium ist das für den Rest der Welt so schwer erklärliche Kennzeichen einer amerikanischen Präsidentschaftswahl. Es geht nicht darum, eine Mehrheit der Gesamtwählerstimmen zu gewinnen, also zum Beispiel

50,1 Prozent oder mehr, wenn nur zwei Kandidaten auf dem Wahlzettel stehen (es gibt immer zahlreiche chancenlose Kandidaten kleinerer Parteien). Entscheidend ist vielmehr, die Mehrheit in diesem Gremium zu gewinnen. In ihm spiegelt sich die Demographie der USA mit eingeschränkter Präzision: Die Größe des Kollegiums basiert auf der Zahl der Abgeordneten im Repräsentantenhaus von 435 plus 3 Stimmen für die Hauptstadt, deren Einwohner erst seit 1964 den Präsidenten mitwählen können. Plus der Zahl der Senatoren, die einhundert beträgt. Das macht insgesamt 538. Die Mehrheit davon – also eine Stimme mehr als die Hälfte – ist 270. Und dies ist die magische Zahl, um die es am Wahlabend geht. Sobald ein Kandidat 270 Wahlmännerstimmen beisammenhat, ist die Entscheidung gefallen und dieser Kandidat wird der nächste Präsident. Die einzelnen Staaten vergeben Wahlmännerstimmen in Relation zu ihrer Bevölkerungszahl – zumindest ungefähr. Dünn besiedelte Staaten wie Alaska, Wyoming und Montana bringen drei *electoral votes* ein, die ganz großen Staaten haben 55 (Kalifornien), 38 (Texas) oder 29 (New York und Florida). Der Kandidat, der in einem Staat die meisten Stimmen bekommt, erhält nach dem Prinzip *the winner takes all* alle Wahlmännerstimmen dieses Staates, unabhängig davon, ob er knapp (2016 zum Beispiel in Wisconsin: Trump 48 Prozent vs. Clinton 47 Prozent) oder mit großen Vorsprung (2016 zum Beispiel Wyoming: Trump 70 Prozent vs. Clinton 22 Prozent) diesen Staat gewinnt. Ausnahmen von dieser Regel sind zwei Bundesstaaten, die ihre Stimmen splitten können – Maine und Nebraska –, ohne dass dies bislang wahlentscheidend war. Es ist durchaus möglich, eine Mehrheit der abgegebenen Wählerstimmen zu erhalten und im Wahlmännerkollegium dennoch zu unterliegen. Mehrfach ist es passiert und 2016 ist das jüngste Beispiel dafür. Meist werden umgehend Forderungen nach einer Reform des Wahlsystems laut. Verständlicherweise ausnahmslos aus dem Lager der Verlierer.

Die beiden Parteien haben ihre Wurzeln im 19. Jahrhundert, wobei die Demokraten ein wenig älter sind als die Republikaner, die in den 1850er Jahren entstanden und über lange Zeit die progressivere Partei waren. Das hat sich inzwischen geändert. Die Republikaner sind die konservative Partei, mit vielen sehr religiösen Wählern und mit einer besonders ausgeprägten Nähe zu Konzernen und Machtinteressen aus Wirtschaft und Hochfinanz. Letzteres gilt allerdings auch für zahlreiche demokratische Politiker, so waren die Hauptspender in Hillary Clintons Wahlkampf Großbanken und Fondsmanager. Eine feste Basis haben die Demokraten vor allem bei ethnischen Minderheiten wie Schwarzen und Latinos sowie bei den Angehörigen der LGBT-Community.

Der Kongress ist ein Zweikammer-System wie es übrigens auch die Parlamente der einzelnen Bundesstaaten sind, mit Ausnahme von Nebraska. Im Repräsentantenhaus sind die Staaten entsprechend ihrer Bevölkerungszahl vertreten, Wyoming zum Beispiel hat ebenso einen Repräsentanten wie Delaware, Alaska, Montana, Vermont und die beiden Dakotas, Kalifornien hingegen schickt 53 Volksvertreter ins *House of Representatives*. Ganz anders ist der Senat strukturiert. Als die Verfassungsväter die künftige Volksvertretung schufen, hatten die Vertreter der kleinen Staaten berechtigterweise Sorge, dass ihre Interessen kaum wahrgenommen würden, wenn es ausschließlich nach der Demographie geht, wenn also bevölkerungsreiche Staaten dominieren. So schuf man eine zweite Kammer, in der alle Staaten unabhängig von Größe und Bevölkerung gleichermaßen vertreten sind. Im Senat hat jeder Staat zwei Stimmen, das kleine Rhode Island ebenso wie das große Texas. Das gibt freilich den kleinen Staaten ein überproportionales Gewicht. Die knappe Mehrheit des Senats kann jedes Gesetz blockieren. Um eine solche Mehrheit von 51 Stimmen zusammenzubekommen, würden also die Senatoren von 26 Staaten ausreichen. Diese 26 kleinsten Staaten repräsentieren gegenwärtig etwa 57 Millionen Amerikaner – knapp ein Sechstel der Gesamtbevölkerung. Dazu gibt es eine ganze Reihe von US-Bürgern, diejenigen aus Washington D.C., Puerto Rico und von den amerikanischen Inselgruppen in der Karibik und im Pazifik, die überhaupt nicht durch Abgeordnete mit vollem Stimmrecht im Kongress vertreten sind.

Der Senat wird gern das »Oberhaus der amerikanischen Politik« genannt. Das ergibt sich nicht nur daraus, dass er ein intimerer Kreis ist, sondern auch aus der wesentlich längeren Legislaturperiode. Ein Senator nämlich wird für sechs Jahre gewählt, ein Mitglied des Repräsentantenhauses nur für zwei Jahre. Damit haben die 435 Mitglieder des Unterhauses kaum eine Verschnaufpause nach einem Wahlkampf – der Gedanke an die nächste Wahl wird fast umgehend wieder akut. Allerdings wird die Sorge um den eigenen Posten durch ein Verfahren gemindert, das zu Recht zahlreiche Kritiker hat. Man nennt es *gerrymandering* und es bedeutet das Zurechtschneiden eines Wahlkreises unabhängig von irgendwelchen geographischen oder demographischen Strukturen, sondern primär nach wahltaktischen Gesichtspunkten. Nicht wenige Wahlkreise sehen auf der Karte des betreffenden Staates aus wie ein Flickenteppich, mit einem Segment hier, einem anderen – oft ohne jede Verbindung – in einer ganz anderen Region, mit Enklaven inmitten eines anderen Wahlkreises. Das Repräsentantenhaus ist vor allem für die Budgetbewilligung zuständig, für die Einleitung eines Amtsenthebungsverfahrens *(impeachment)* eines Offiziellen und auch für die Wahl eines Präsidenten, sollte keiner der Kandidaten eine Mehrheit im Wahlmännerkollegium haben, was nur passieren kann, wenn ein starker dritter oder gar vierter Kandidat im Rennen ist; zuletzt geschah dies im Jahr 1824. Der *Speaker of the House*, der von der Mehrheitspartei gestellt wird – gegenwärtig der republikanische Abgeordnete Paul Ryan aus Wisconsin –, ist einer der einflussreichsten Politiker im Washingtoner Machtgefüge und steht in der Nachfolge des Präsidenten an zweiter Stelle. Sollten also Präsident und Vizepräsident gleichzeitig ausfallen, würde der Sprecher des Repräsentantenhauses nachrücken.

Zu den Vorrechten des Senats gehört es, die präsidentielle Macht zu kontrollieren und internationale Verträge zu ratifizieren. Ganz wichtig: Er muss die vom Präsidenten ernannten Kabinettsmitglieder bestätigen – oder diese ablehnen. Das trifft auch für die Ernennung eines obersten Bundesrichters durch den Präsidenten zu. Dies sind typischerweise lange sich hinziehende und hohe mediale Aufmerksamkeit genießende Prozesse. Mehrfach sind in der jüngeren Vergangenheit solch nominierte Juristen im Senat gescheitert. Der letzte Versuch von Präsident Obama, einen obersten Bundesrichter zu ernennen, gelangte nicht einmal bis zu den Senatsanhörungen. Die republikanische Senatsmehrheit weigerte sich, das Verfahren einzuleiten, da es dem nächsten Präsidenten obliege, die Vakanz zu füllen.

Ein großes, häufig lamentiertes, aber offenbar nicht einer Reform zu unterziehendes Problem ist der enorme Einfluss mächtiger Interessengruppen auf die Volksvertreter, die nicht nur die Interessen ihrer Wählerinnen und Wähler, sondern auch ihrer Sponsoren vertreten. Lobbyismus ist in Washington ein wichtiger Wirtschaftszweig. Dass die Öl-, Gas- und Kohlelobby eine essentielle Rolle dabei spielt, mehr Leugner des Klimawandels unter der Kuppel des Kapitols zu versammeln als an vielleicht jedem anderen Ort der Welt, ist schon angedeutet worden. Besonders fatal erscheint –

zumindest aus europäischer Sicht – der Einfluss der Waffen-lobby NRA. Sie vertritt mehr als fünf Millionen waffen-tragende Amerikaner und natürlich die Waffenproduzenten. In Wahlkämpfe investiert die NRA deshalb in großem Stil; die Haltung von Politikern zum zweiten Verfassungszusatz, der in den 1790er Jahren formuliert wurde und das Recht, eine Waffe zu tragen, festschreibt, bewertet die Organisation wie auf einem Schulzeugnis, von A+ für besonders waffen-freundliche Volksvertreter bis F für jene, die eine Kontrolle des Waffenbesitzes fordern (Hillary Clinton kam, nachdem sie ihre Position über die Jahre in dieser Frage mehrfach ge-wechselt hat, im letzten Wahlkampf auf ein F). Wann immer in den USA ein Massaker mit Schusswaffen geschieht, wird zwar mehr *gun control* gefordert. Die NRA und »ihre« Politiker haben dies jedoch bisher stets verhindert und das künftige Washingtoner Machtgefüge unter Trump lässt eine solche Reform undenkbar erscheinen. Für die Opfer solcher Mas-sentötungen haben diese Politiker stets lediglich dieselbe Phrase übrig: *Our thoughts and prayers are with the victims and their families.*

Dezenter, auch im Baulichen, ist die dritte Säule der ame-rikanischen Demokratie. Der Supreme Court tagt in einem mit klassischer marmorner Säulenfront verzierten Gebäude wenige Schritte vom Kapitol entfernt. Der Oberste Gerichts-hof arbeitet nach einem überkommenen Ritual, bei dem bei-spielsweise keine Zeugen vernommen werden, und ist für Fragen zuständig, die mit der amerikanischen Verfassung in Zusammenhang stehen oder Bundesrecht betreffen. Einige seiner Entscheidungen sind Wendemarken von hoher poli-tischer und gesellschaftlicher Relevanz. Die bedeutendste Entscheidung des Obersten Gerichtshofs, die rückgängig zu machen erklärtes Ziel konservativer und vor allem religiöser Gruppen und Politiker ist, dürfte Roe vs. Wade aus dem Jahr

1973 sein – es definiert den Schwangerschaftsabbruch als ein Grundrecht. Da der Präsident Mitglieder des Supreme Court ernennt, hat Roe vs. Wade in jeder Präsidentschaftswahl der letzten Jahre eine Rolle gespielt: Liberale Wähler wollen einen Präsidenten oder eine Präsidentin, der oder die Richter ernennt, die diese Entscheidung nicht antasten, konservative Wähler hoffen auf eine Ernennung, die Roe vs. Wade ad acta legen könnte. Die Anerkennung gleichgeschlechtlicher Ehen war Gegenstand zweier wichtiger Supreme-Court-Entscheidungen in den letzten Jahren.

Der Supreme Court besteht aus neun Richtern, die auf Lebenszeit ernannt sind, aber gleichwohl aus Alters- oder Gesundheitsgründen zurücktreten können. Gegenwärtig ist, wie geschildert, ein Richterposten vakant. Drei amtierende Richter wurden in den 1930er Jahren geboren, sind jetzt also in ihrem oder kurz vor ihrem neunten Lebensjahrzehnt. Sollte Präsident Trump die Gelegenheit haben, in seiner Amtszeit vier konservative Richter zu ernennen, würde dies den Kurs des Supreme Court für Jahrzehnte bestimmen.

In der Verfassung ist sie nicht erwähnt, aber dennoch besitzen Demokratien eine im allgemeinen Sprachgebrauch »vierte Instanz« genannte Kraft. Es mag Zufall sein oder auch nicht – das Bauwerk in der an wichtigen und imposanten Machtzentren, Kulturtempeln und Monumenten so reichen Stadt Washington, das dieser Institution gewidmet ist, befindet sich ziemlich genau in der Mitte des Verlaufs der Pennsylvania Avenue, in fast gleicher Distanz von der Exekutive, dem Weißen Haus, einerseits und dem Kapitol sowie dem Supreme Court andererseits. Es ist das bei Einheimischen wie Besuchern sehr beliebte Newseum. Das mit vielerlei interaktiven Elementen und beeindruckenden Exponaten wie einem verbogenen Rest der Turmspitze des am 11. September 2001 zerstörten World Trade Center und einem Wachturm von der Staatsgrenze der DDR ausgestattete High-Tech-Museum erzählt von Geschichte und Gegenwart der Medien und ihrer Rolle in einer lebendigen Demokratie. Eine freie Presse zu haben und zu respektieren, wurde im ersten Zusatz der Verfassung im Jahr 1791 festgelegt, ebenso wie die Freiheit, eine Religion der eigenen Wahl auszuüben, und die Redefreiheit. Auch wenn die Rolle der Medien im Wahlkampf 2016 nicht die glorreichste war, ihre Wächterfunktion ist unbestritten und so notwendig wie eh und je. Die amerikanische Geschichte ist voller Beispiele dafür, wie eine aufmerksame Presse Missstände ans Tageslicht brachte, von der investigativen Journalistin Nellie Bly, durch die die Leser 1887 von den grauenhaften Zuständen in den Anstalten für geistig Kranke erfuhren, bis zum Highlight des amerikanischen Journalismus, der hartnäckigen Recherche und Aufdeckung der Machenschaften von Präsident Richard Nixon und seinen engsten Mitarbeitern, vornehmlich durch die *Washington Post*, die zu Nixons Rücktritt im August 1974 führte. Die Freiheit der Presse sei, so hat es John Adams vor mehr als 200 Jahren gesagt, unersetzlich für die Sicherung persönlicher Freiheit in einem Staat. Dass die vierte Gewalt ihrer Wächterfunktion nachkommen wird, ist etwas, auf das sich Präsident Trump mit hoher Sicherheit verlassen kann.

5. Patriotismus und Exzeptionalismus:
America can't do wrong!

Er ist wieder da. Nein, eigentlich passt der Titel dieses Bucherfolges von Timur Vermes nicht so ganz. Er war nämlich nie weg. Die flimmernden Schwarz-Weiß-Aufnahmen, die seine abrupten Bewegungen zeigen, manche untermalt mit dem O-Ton, dem selbst viele des Deutschen mächtige Amerikaner wegen des grässlichen Dialektes nicht zu folgen vermögen – sie sind feste Größen auf jenen Fernsehkanälen, die gelegentlich oder, wie mehrere *History*-Kanäle, fast ausschließlich zeitgeschichtliche Dokumentationen bringen. Gerade läuft eine neue sechsteilige Biographie-Serie an, der Titel ist prägnant und sagt alles aus: *Hitler.* Wie stets bei solchen Premieren erfolgt der Serienstart mit dem werbewirksamen Hinweis, die Doku enthalte nie zuvor gesehenes Filmmaterial – was die Frage aufwirft, ob nicht irgendwann selbst der letzte 8-mm- oder 16-mm-Schnipsel vom Obersalzberg seinen Weg ins amerikanische Fernsehen gefunden hat. Mit den abzusehenden stetigen Wiederholungen wird auch dieses neue Produkt sich in das Programmangebot vor allem des *Military History Channels*, des *American Heroes Channels* und vergleichbarer Kanäle einfügen, in deren Titelabfolge die Begriffe »Nazi« und »Hitler« sich manchmal über einen kompletten 24-Stunden-Sendetag zu erstrecken scheinen.

Neben dem Unsäglichen selbst sind auch seine Zeitgenossen, die Nazis, in der amerikanischen Medienlandschaft und regelmäßig auch in der Unterhaltungsindustrie präsent. Parallel zum jüngsten Hitler-Serienstart kommt der dritte Spielfilm innerhalb kurzer Zeit in die Kinos, in dem Brad Pitt in den ihm zur Verfügung stehenden rund zwei Stunden so viele Deutsche wie möglich zu töten versucht, nach *Inglourious Basterds* und *Herz aus Stahl* nun also *Allied*. Dass der Terminus »Nazi« für alle Deutschen gilt, die zwischen 1933 und 1945 im Erwachsenenalter standen, hat eine lange Tradition in Hollywood. In der Traumfabrik fühlten sich in den späten 1930er und frühen 1940er Jahren zahlreiche Produzenten der Politik Präsident Franklin D. Roosevelts eng verbunden, der – wie wir in einem früheren Kapitel gesehen haben – in Hitlers Regime früher als andere westliche Staatsmänner die Gefahr erkannte, die es für den Weltfrieden darstellte. Unter Roosevelt und Hollywood begann die Synonymisierung der Begriffe *German* und »Nazi« – was psychologisch wohl als erforderlich angesehen wurde, um jenen totalen Krieg, auch gegen die Zivilbevölkerung, führen zu können, der sich nach dem Kriegseintritt der USA im Dezember 1941 entwickelte. Nach dieser Wendemarke schwand natürlich jedwede Zurückhaltung, Major Strasser war quasi omnipräsent im zeitgenössischen Film. Selbst Donald Duck wurde in den Dienst der Propaganda für die Sache der freien Welt gestellt, als Walt Disney 1943 den Kurzfilm *Der Fuehrer's Face* produzierte. Der Enterich muss nach der Lektüre von *Mein Kampf* in einer Munitionsfabrik arbeiten, nach allerlei explosionsartigen Wirrungen wacht er schließlich im heimischen Bett auf, bekleidet mit dem *Stars-and-Stripes*-Pyjama. Es ist der einzige Donald-Duck-Streifen, in dem der sonst nur quakende Anti-Held einen kompletten Satz spricht: *Boy, am I glad to be a citizen of the United States of America!*

Deutsche als Film-Bösewichte haben in der US-Unterhaltungsindustrie auch Jahrzehnte nach Kriegsende weiterhin Hochkonjunktur – man denke zum Beispiel an die Darstellung des Terroristenchefs Gruber in *Stirb langsam*, gespielt von dem großen und leider zu früh verstorbenen Schauspieler Alan Rickman. Oder an all die Schwarzuniformierten in zwei der *Indiana-Jones*-Filme. Immerhin, in jüngerer Vergangenheit gesellten sich vor allem Russen und Araber zu den Klischee-Übeltätern, bevor sich islamische Verbände über die Stereotypisierung beschwerten und das liberale Hollywood hier einen spürbaren Rückzieher machte. Zu den wenigen Ausnahmen, in denen einige Deutsche aus der schrecklichen Zeit positiv gezeichnet wurden, gehört der 2008 produzierte Spielfilm *Operation Walküre* über den Widerstand in der Wehrmacht, der im Attentat auf Hitler am 20. Juli 1944 kulminierte.

Der Zweite Weltkrieg ist auch unabhängig von den damaligen Kriegsgegnern sehr präsent im Amerika der Gegenwart. Die täglich weniger werdenden Veteranen und Zeitzeugen genießen hohe Wertschätzung und gelten nach einem Bestseller des Fernsehjournalisten Tom Brokaw als die *Greatest Generation*. Dass ihr Einsatz und in vielen Fällen Opfergang eine bessere Welt hat entstehen lassen als es ohne die Teilnahme der USA am Krieg möglich gewesen wäre, steht außer Frage. Amerika stand eindeutig auf der Seite der »Guten« gegen das ultimativ Böse, für das die Physiognomie Hitlers damals wie heute das Sinnbild ist. Die Erinnerung an den »guten Krieg« von 1941 bis 1945 fällt nicht nur deswegen angenehm aus, weil er keine moralische Ambiguität wie spätere amerikanische Kriege aufkommen ließ. Das unterscheidet den Zweiten Weltkrieg beispielsweise vom Krieg im Irak ab 2003, der mit einer zweifelhaften Begründung begonnen wurde und zu ebenso zweifelhaften Resultaten führte – bei rund 4500 toten US-Soldaten und geschätzten 120 000 toten Irakern. Anders als bei modernen Konflikten gab es in den 1940er Jahren keine Live-Übertragungen von der gegnerischen Seite, keine sozialen Medien, die zu berichten in der Lage sind, wenn eine Drohne eine Hochzeitsgesellschaft statt einer Terroristenkonferenz angreift. So hat sich vom Zweiten Weltkrieg das Image eines geradezu sauberen Krieges in zahlreichen Köpfen verfestigt. Dazu trägt auch die sehr selektive Auswahl der einzelnen Kapitel des Ringens in Fernsehdokumentationen, Büchern, Essays und auf Gedenkveranstaltungen bei. Der *Battle of the Bulge*, in dem amerikanische Einheiten in einem der kältesten Winter Europas im Dezember 1944 die letzte Offensive Hitlers in den Ardennen abwehrten, die Landung in der Normandie – im Juni 1944 – und die Geschehnisse in Pearl Harbor sind überproportional stark vertreten. Was man viel seltener hört sind Ortsnamen wie Dresden und Hiroshima.

Die Atombombenabwürfe auf die japanischen Städte Hiroshima und Nagasaki im August 1945 kommen immerhin bei bestimmten Anlässen zur Sprache. So geschah es zuletzt, als Präsident Obama im Frühjahr 2016 Hiroshima besuchte. Das Weiße Haus stellte von vornherein klar, dass es eine Entschuldigung durch den Präsidenten nicht geben würde. Es wäre Wasser auf die Mühlen seiner politischen Gegner gewesen, die immer wieder tönten, dass sich Obama angeblich »für Amerika entschuldige« und seine Staatsbesuche »Entschuldigungs-Tourneen« seien. Beispiele dafür sind in Wirklichkeit rar. Obama hat sich zwar für einzelne Handlungen entschuldigt, etwa für versehentlich bei Luft- oder Drohnenangriffen ums Leben gekommene Unbeteiligte, jedoch keine grundsätzliche Entschuldigung für historische Akte abgegeben, wie sie verschiedentlich gefordert wurde. Und so folgte er auch in Hiroshima einem Mainstream, dem zwar unwohl bei der Erinnerung an die Angriffe ist, der aber die Entscheidung Präsident Trumans, die neue, schreckliche Waffe einzusetzen, vor dem Hintergrund der militärischen Alternative sieht, einer Invasion und konventionellen Eroberung der vier japanischen Hauptinseln. Für diese gingen Planer von einer Million gefallener oder verwundeter US-Soldaten und unermesslichen Opfern unter der japanischen Zivilbevölkerung aus. Vor allem die Veteranen des Pazifikkrieges dringen darauf, in den Atombombenangriffen einen Weg zu sehen, den Krieg zu beenden und Leben zu retten – auf beiden Seiten.

Bei den Barbareskenkriegen haben wir den schneidigen Marineoffizier Stephen Decatur kennengelernt. Er gab für viele, vor allem eher konservative Amerikaner eine zeitlose Maxime vor, als er bei einem Bankett einen Toast ausbrachte und zur Loyalität mahnte, auch bei fragwürdigen Entscheidungen amerikanischer Regierungen: *Our country! In her intercourse with foreign nations, may she always be in the right. But our country: right or wrong!* Diese Verkündung, dass es im Umgang mit anderen Nationen weniger wichtig sei, sich im Recht zu befinden, als zu seinem Land zu stehen, wird in der Moderne gern in Formulierungen wie *America can't do wrong!* verpackt. Es ist eine Einstellung, die in manchen Aspekten auch in Regierungskreisen geteilt wird. So können beispielsweise amerikanische Soldaten, sollte es bei einem Auslandseinsatz einmal zu illegalen (Gefechts-)Handlungen kommen, nicht vor den internationalen Gerichtshof oder vergleichbare Institutionen gestellt werden.

Dementsprechend sind die dunkleren Seiten der amerikanischen Geschichte in der öffentlichen Wahrnehmung meist nur dann präsent, wenn es *pressure groups* gibt, die sie – nicht immer, aber manchmal – für ihre eigenen Ziele instrumentalisieren. Eine Bevölkerungsgruppe dagegen hat keine starke Lobby und ist kaum im Kongress präsent: die Ureinwohner des Kontinents.[1] Die Auseinandersetzung mit der gegenwärtigen Situation vieler Ureinwohner und mit der gemeinsamen Geschichte ist schwach bis nicht-existent.[2] Während die Nazis und deren Missetaten medial »ausgeschlachtet« werden, ist das, was im eigenen Land passierte, praktisch kein Thema. *America can't do wrong!*

Im Bundesstaat South Dakota fährt man von Rapid City gut drei Stunden gen Süden, durch eine Gegend, der man im 19. Jahrhundert den Namen *Badlands* gab. Der Name ist zutreffend, manche Landstriche hier erinnern an die Mondoberfläche. Auf Reservaten in dieser öden Steppe siedelte die US-Regierung die endgültig besiegten Völker der westlichen Prärie wie die Sioux und Cheyenne an. In diesem tristen Nirgendwo liegt unser Ziel, ein Ort namens Wounded Knee. Hier fand am 29. Dezember 1890 die 400-jährige Geschichte der gewaltsamen Eroberung des Kontinentes und der Vertreibung und Dezimierung ihrer Ureinwohner ein Ende. In der tief verschneiten Landschaft verübte an jenem Tag die Armee ein Massaker an einer hungernden Gruppe von Lakota (Sioux), von denen wahrscheinlich etwa 200 getötet wurden. Zum Einsatz kamen dabei die für damalige Verhältnisse modernen Hotchkiss-Schnellfeuerkanonen. Die 7. Kavallerie verlor 25 Mann – einige fielen durch *friendly fire*, da man die Indianergruppe umstellt hatte und versehentlich gegenüberstehende Kameraden traf. Es war die letzte größere bewaffnete Auseinandersetzung zwischen Weißen und *Native Americans* in einem langen Drama, das an jenem Oktobermorgen 1492 begann, als Kolumbus Land sichtete, das nicht China oder Indien, sondern eine Insel der Bahamas war. Wounded Knee ist einer der signifikantesten Schauplätze dieser tragischen Geschichte. Ein kleiner überwucherter Friedhof, ein kleines Monument markiert den Standort des Massakers. Ein paar verwitterte Informationstafeln, eine weiße Holzkirche, das ist alles.

An das Schicksal der Ureinwohner erinnern durchaus

einige Stätten und kleine Museen – wenn man denn danach sucht. Insgesamt stellt es jedoch nach wie vor ein verdrängtes Kapitel der amerikanischen Geschichte dar. Auch an der vielleicht bedeutendsten Institution, die über indianische Kultur informieren will, wird Vergangenheitsbewältigung sehr kleingeschrieben. Unter dem Dach der Smithsonian Institution in Washington wurde im Jahr 2004 das National Museum of the American Indian eröffnet. Damals brachten Sprecher der indigenen Völker zum Ausdruck, dass man Zeugnisse indianischer Kultur und Identität ausstellen und sich nicht in einer permanenten Opferrolle sehen wolle. In der Tat muss man in diesem – nur bescheiden besuchten – Museum neben Totempfählen, kunstvollen Masken und unter Berieselung mit traditionellem Gesang regelrecht nach Zeugnissen dessen Ausschau halten, was weiße Eroberer diesen Völkern angetan haben.

Nun wäre es ungerecht zu sagen, dass sich die Meinungsmacher an der Ostküste nicht um die *Native Americans* kümmern. Über Jahre nämlich gab es eine Kampagne, die vor allem von liberalen Medien wie der *Washington Post* getragen und regelmäßig wieder neu entflammt wurde. Freilich ging es dabei nicht um die heutigen Lebensumstände dieser Völker, spornten nicht die erschütternden Statistiken indianischen Lebens im 21. Jahrhundert die Leitartikler und Kommentatoren an. Nein, man empörte sich nicht über die traurigen Rekorde, welche die *Native Americans* halten – die hohen und – gemessen an ihrem Anteil an der US-Bevölkerung – oft höchsten Zahlen bei Selbstmorden, Schulabbrüchen, Alkoholismus, der Verbreitung von Diabetes und anderen Tragödien. Stattdessen ging es um den Namen der Profi-Footballmannschaft der Stadt Washington. Diese heißen Redskins. Es wurde eine Cause célèbre zahlreicher liberaler Prominenter, eine Umbenennung des Teams zu erreichen, denn gemäß den Wertmaßstäben der politischen Korrektheit war der Name Redskins *offensive*, er könnte Gefühle verletzen. Als endlich einmal gefragt wurde, wessen Gefühle verletzt wurden, die der Ureinwohner oder die der Washingtoner Elite, brach die Kampagne zusammen. Erstaunliche neunzig Prozent der zuletzt doch noch befragten *Native Americans* gaben an, der Name störe sie nicht im Geringsten.

Das an den Ureinwohnern begangene Unrecht ist in den letzten Jahren des 20. Jahrhunderts von der Politik beim Namen genannt und gewürdigt worden. Über die Geschehnisse am Wounded Knee Creek beispielsweise drückten 1990 beide Kammern des Kongresses zum hundertsten Jahrestag des Massakers ihr Bedauern aus. Dass Amerika durchaus auch einmal *wrong* sein kann, dass es nicht immer nach seinen Idealen gehandelt hat, wurde auch gegenüber einer anderen Gruppe amerikanischer Bürgerinnen und Bürger anerkannt. Ohne individuelle Schuldbeweise, allein aufgrund eines rein ethnisch definierten Generalverdachts, der sich in der *Executive Order 9066* Bahn brach, wurden nach dem japanischen Überfall auf Pearl Harbor 1941 rund 127 000 Menschen japanischer Abstammung und japanischen Aussehens aus ihren Häusern an der amerikanischen Westküste oder auf Hawaii geholt und in Internierungslager in besonders öden Gegenden im Landesinneren gesperrt. Dem Patriotismus vieler junger Männer unter ihnen tat diese Sippenhaft keinen Abbruch: Ein in den Lagern rekrutiertes Regiment brachte es wegen Tapferkeit vor dem Feind auf nicht weniger als 47 Distinguished Service Crosses, 350 Silver Stars und mehr als 3500 Purple Hearts. Erst mit Ronald Reagan entschuldigte sich in den 1980er Jahren ein Präsident für das an Amerikanern japanischer Abstammung begangene Unrecht.

Patriotismus ist in den USA nicht nur für Uniformträger

selbstverständlich, sondern für die überwältigende Mehrheit Teil des Lebensgefühls. Er äußert sich im täglichen Dasein auf vielfältige Art. In der Schule trägt das morgendliche Rezitieren des Fahneneides, des *pledge of allegiance*, zu einem Zusammengehörigkeitsgefühl bei, das in manchen Klassen, in denen die Kinder aus zwanzig oder mehr unterschiedlichen Ländern oder Kulturen kommen, ein Bindeglied darstellt. Er zeigt sich beim Mitsingen der Nationalhymne vor jedem größeren Baseball-, Football- oder Eishockeyspiel. Er wird gelebt beim Schwingen der Fähnchen während einer vielerorts in brütender Hitze verfolgten Fourth of July-Parade, bei der Kranzniederlegung am Memorial Day, dem stillen Gedenken der Besucher des Arlington National Cemetery. Es ist die Gänsehaut, wenn im Radio Lee Greenwoods *God bless the USA* erklingt. Es ist der Stolz auf ein Land, das – bei all seinen Schattenseiten, von denen in diesem Buch auch die Rede ist – ein hohes Maß an persönlicher Freiheit bietet. Amerikas oft fröhlicher Patriotismus spricht aus der augenzwinkernden Mahnung Mark Twains, dass man sein Land alle Zeit, seine Regierenden aber nur dann unterstützen sollte, wenn sie es auch wirklich verdienen.

Das amerikanische Sendungsbewusstsein ist Ausdruck eines Gedankens, der auf die ersten Pioniere zurückgeht und heute immer wieder Teil der politischen Rhetorik ist. Es ist der Begriff des amerikanischen »Exzeptionalismus«. Hierunter versteht man, dass die USA – leicht vereinfachend gesprochen – etwas Besonderes sind, mit keinem anderen Staatswesen zu vergleichen. Die Urform dieses Gedankens war die Vision der ersten puritanischen Siedler in den Kolonien von Neuengland, eine *shining city upon a hill* zu bauen, eine Gemeinde, deren Rechtgläubigkeit und Frömmigkeit ein Licht im Dunkel einer verderbten Welt ist. Später war es, nach 1776, die Erschaffung eines ganz neuen Landes, das

Schluss machte mit einer feudalistischen Gesellschaftsordnung und auf den Prinzipien einer Demokratie beruhte, die den Zeitgenossen die Überzeugung vermittelte, ein Unikum auf der politischen Weltkarte zu sein. Abraham Lincoln, alles andere als ein Expansionist und auch nicht von missionarischem Eifer beseelt, sprach in seiner berühmtesten Rede im November 1863 bei der Einweihung des riesigen Soldatenfriedhofes in Gettysburg davon, dass es die Aufgabe der Amerikaner sei, sicherzustellen, dass *government of the people, by the people, for the people, shall not perish from the earth*. Ohne die USA gäbe es demnach auf dem ganzen Erdball keine Hoffnung für das Überleben der demokratischen Ideale.

Der Exzeptionalismus ist nicht ohne Weiteres mit Suprematie gleichzusetzen, welche Amerika berechtige, anderen Nationen seinen Stempel und Willen aufzudrücken – auch wenn immer wieder Politiker aus dem konservativen Spektrum den Begriff so interpretierten. Thomas Jefferson nannte sein Land »das einzige Monument der Humanität«, sprach von einem *Empire of Liberty* und davon, dass sein libertäres Feuer auch andere Teile der Erde erleuchten, sprich: inspirieren sollte. Hundert Jahre später sah es Woodrow Wilson als Amerikas Pflicht an, *the world safe for democracy* zu machen, als er amerikanische Soldaten auf die Schlachtfelder des Ersten Weltkrieges schickte. Es bedurfte noch eines weiteren großen und zahlreicher kleiner Kriege, um die Demokratie – oft dank tatkräftiger amerikanischer Initiative – zumindest in einigen Weltteilen auf sicheren Boden zu stellen.

Der 44. Präsident verkörperte eine Abkehr vom amerikanischen Exzeptionalismus. Auf einer Pressekonferenz im Jahr seines Amtsantritts (2009) erklärte Barack Obama, er glaube in dem Maße an den amerikanischen Exzeptionalismus wie die Briten an den britischen Exzeptionalismus und die Griechen an den griechischen Exzeptionalismus glaubten: »Die

Tatsache, dass ich sehr stolz auf mein Land bin und dass ich glaube, dass wir der Welt eine ganze Menge zu bieten haben, mindert nicht mein Interesse und meine Fähigkeit, den Wert und die wundervollen Qualitäten anderer Länder anzuerkennen und auch zugeben zu können, dass wir nicht immer im Recht sein mögen.«[3] Es ist wahrscheinlich, dass sich diese Tonlage unter seinem Nachfolger ändern wird. Und vielleicht ändert sich mit ihm auch die Bedeutung eines amerikanischen Exportproduktes, das je nach politischem Standort heiß geliebt oder ebenso leidenschaftlich gehasst wird: die politische Korrektheit.

Alles kommt aus Amerika zu uns! Es ist der Klageruf der deutschen Nachkriegsgeneration, die sich nach der Befreiung von der Nazi-Tyrannei – unter Führung der USA – plötzlich an Kaugummis gewöhnen musste und schließlich statt der herkömmlichen Essig-und-Öl-Mixtur Dressings mit unaussprechlichen Namen wie *Thousand Island* oder *Honey Mustard* über ihren das sonntägliche Schnitzel begleitenden Blattsalat schüttete. Seitdem wird dieser Vorwurf quasi von Generation zu Generation weitergereicht. In der Tat ist das Leben in vielen europäischen Ländern durch und durch amerikanisiert, was vielerorts auch zu einer Gegenbewegung geführt hat. Die Amerikanisierung kann eher harmloser Alltagsnatur sein wie bei der linguistischen Verdrängung des Sonderangebots durch den *Sale* oder der (Un-)Sitte, sich einen Kaffee *to go* zu holen. Wien hätte sicher nie seine Kaffeehauskultur entwickelt, wenn die Stadt über die letzten drei Jahrhunderte von Amerikanern geführt worden wäre. Wesentlich bedenklicher sind allerdings die Übernahme der Methoden aus der oft rabiaten amerikanischen Arbeitswelt *(hire and fire)* und die Kommerzialisierung von Bereichen, in denen eigentlich der Staat, und in diesem Sinne die Allgemeinheit, eine Fürsorgepflicht hat. So ist dies auch in

Deutschland bereits bei Krankenhäusern geschehen, die nun mancherorts zu Investment- oder Aktiengesellschaften gehören und deren Erfolg am Gewinn und nicht am Wohl der Patienten gemessen wird. Ein anderes Beispiel sind profitorientierte Bildungseinrichtungen wie die in Europa geradezu aus dem Boden schießenden International Business Schools, an denen man einen Bachelor oder Master gegen jährliche Überweisung einer fünfstelligen Summe als sogenannte Studiengebühr »machen« kann.

Während die politische Linke in Europa den wirtschafts-, kultur- und gesellschaftspolitischen Importen aus den USA normalerweise kritisch bis ablehnend gegenübersteht, haben einige, sich selbst als fortschrittlich einstufende Kräfte und Institutionen eine amerikanische Innovation geradezu mit Begeisterung aufgenommen. Es ist die politische Korrektheit, deren Wurzeln zwar auf ein Urteil des Obersten Bundesgerichts aus den 1790er Jahren zurückgeführt werden und die von konservativen Kritikern als eine Geistesfrucht des europäischen und besonders des deutschen Marxismus interpretiert wird, die indes in ihrer heutigen Form an amerikanischen Colleges und Universitäten ihre Entstehungsstätte und ihre Hochburg hat. Als eine ihrer Keimzellen wird eine Bewegung an der University of California beschrieben. Dort hatten Studenten das vor allem geisteswissenschaftliche Curriculum als zu eurozentriert, als sich ausschließlich auf »tote, weiße Männer« beziehend kritisiert. Es ist nicht von der Hand zu weisen, dass die über viele Jahre existente vornehmliche Konzentration auf das weiße Bevölkerungs- und Kultursegment der USA aus heutiger Sicht unfair war. Und inzwischen wird an den Universitäten auch afrikanische, chinesische, indische etc. Geschichte und Kultur in beinahe gleichem Ausmaß in den Studienprogrammen angeboten. Jedoch hat die politisch korrekte Rücksichtnahme auf die »Gefühle« oder die »Sensibilitäten« an einigen Universitäten mittlerweile zu der – für eine vorgeblich freie Gesellschaft eigentlich untragbaren – Situation geführt, dass bestimmte Bücher aus dem Unterricht oder der Bibliothek verbannt werden. Die Begründungen dafür sind vielfältig; neben rassistischem und sexuellem Inhalt kann es auch eine vermeintlich »unangemessene« Sprache sein, welche die eine oder andere Gruppe verstören könnte. So ist die akademische Freiheit unter dem Diktat der dogmatischen Rücksichtnahme zu einer bedrohten Spezies geworden.

Diese Form der *political correctness* hat Amerika tief gespalten. Ihre Anhänger verteidigen sie vehement, ihre Gegner bezeichnen sie als eine Gefahr für die uramerikanische Redefreiheit. Im Alltagsleben manifestiert sie sich vor allem als Sprach- und oft auch Gedankenzensur. Das ursprüngliche Anliegen ihrer Gralshüter, bestimmten Gruppen, vor allem ethnischen Minderheiten oder solche mit einer von der Bevölkerungsmehrheit abweichenden sexuellen Orientierung, Zumutungen zu ersparen, hat zu Verboten geführt, deren Übertretung zu massiven, zwischen Belehrung und Gehässigkeit schwankenden Reaktionen in den sozialen Medien sowie auf Leserbriefseiten führt. Die *Washington Post* etwa bietet am Wochenende eine ganze Seite an, auf welcher Leser ihrer Empörung über sprachliche Missgriffe im Zusammenhang mit Frauen, Homosexuellen, Transsexuellen, Farbigen oder auch Radfahrern Ausdruck verleihen können und die Übeltäter sowie die Leser des Blattes mit erhobenem Zeigefinger mahnen, sich doch gefälligst *appropriate* auszudrücken und keinen *disrespect* zu zeigen. In der Konversation vor allem unter gebildeten Amerikanern ist bei vielen Themen Fingerspitzengefühl gefragt. Wie soll man beispielsweise über Mitbürger dunkler Hautfarbe sprechen? Ist *black* noch erlaubt oder muss es grundsätzlich *African-American* sein? Vollends verstörend kann der Konsum von zeitgenössischer Rap-Musik im Autoradio sein. Die Künstler bezeichnen sich regelmäßig selbst mit einem Wort, das mit N anfängt und dessen Gebrauch für einen nicht-schwarzen Amerikaner Ächtung, wenn nicht gar körperliche Gewalt zur Folge hätte.

Die Sprachbereinigung in Verbindung mit einem weitverbreiteten Viktimisierungskult trägt mitunter skurrile Blüten. Die USA – das ist weithin bekannt und wird jedem Besucher im alltäglichen Straßenbild deutlich – sind ein Land mit einem gravierenden, um nicht zu sagen: gewichtigen Problem der öffentlichen Gesundheit. Der Anteil der sich zu üppig ernährenden Bürger ist größer als in jedem anderen Land der Welt und viele Dicke sind nicht einfach pummelig oder rund, sondern schlichtweg kolossal. Die National Institutes of Health nennen zwei von drei Erwachsenen sowie jedes dritte Kind übergewichtig oder geradezu *obese* – was man sehr traditionell mit »fett« übersetzen könnte. Derartige Sprache ist indes aus der Öffentlichkeit verbannt. Diese Menschen haben auch kein *problem*, sondern bestenfalls ein *issue,* ein Thema. Diese zahlreichen Gesundheitsgefährdungen wie Diabetes mellitus – der weltweit in den USA am häufigsten vorkommt – und Gefäßleiden ausgesetzten Menschen als »dick« oder auch nur als »übergewichtig« zu bezeichnen, ist nicht statthaft, der adäquate Terminus lautet »groß«. Längst verfügen auch die Übergewichtigen über ihre eigenen Aktivisten, die von Fernsehsendern nur zu gern ins Studio eingeladen werden, wenn sich jemand – ein Politiker oder eine Persönlichkeit aus dem Gesundheitswesen – zu »unsensibel« geäußert hat. Dass immer wieder *fake news* gestreut werden und auf offene Ohren bzw. geneigte Redaktionen stoßen, wonach Dicke eigentlich genau so gesund sind wie Normalgewichtige, überrascht in einer Gesellschaft nicht, wo die Befindlichkeit von Partikulargruppen oberstes Anliegen wichtiger Instanzen zu sein scheint – wie der Medien.

Diese sind gleichfalls Hochburgen der politischen Korrektheit. Oder, präziser gesagt, die Mainstream-Medien. Bis vor noch nicht allzu langer Zeit war dies noch ein Qualitätsbegriff. Man versteht darunter Leitmedien wie die großen Qualitätszeitungen *Washington Post*, *New York Times* und *Boston Globe*, die Basis-Fernsehkanäle ABC, NBC, CBS sowie den Pionier unter den Nachrichtenkanälen: CNN. Das für diese Medien traumatische Jahr 2016 machte indes deutlich, dass »Mainstream-Medien« in den Augen jener, die sich in deren Berichterstattung nicht wiederfinden, längst zu einem negativ besetzten Begriff geworden ist – und dass diese eine größere Bevölkerungsgruppe darstellen als von den Experten vermutet. Das Augenmerk war für viele Jahre auf sehr spezielle Themen gerichtet. Die in US-Medien teilweise mit missionarischem Eifer über Jahre betriebene Kampagne für die Rechte von Mitgliedern der LGBT-Community ist aus Sicht dieser Betroffenen zweifellos notwendig und richtig; dass Frauen ihre Partnerinnen und Männer ihre Partner heiraten können, wird in vielen westlichen Ländern als wichtiger gesellschaftlicher Fortschritt gefeiert. Nach dem endgültigen Erfolg dieses Strebens durch ein wegweisendes Urteil des Obersten Gerichtshofes haben sich einige der genannten Medien umgehend der Sache der Transgender-Bevölkerung verschrieben und hier speziell der Bereitstellung adäquater Toiletten in Schulen und anderen öffentlichen Gebäuden. Auch dies ist für die Betroffenen ein wichtiger Aspekt – doch der breite Raum, der solchen Themen gewidmet wird, belegt für zahlreiche Zeitgenossen, dass die Welt der Medien nicht restlos mit der real existierenden jenseits der Studios oder Redaktionen übereinstimmt. Daraus spricht das Gefühl, dass die Medien das Gespür für die Situation jener Menschen, die zu keiner dieser umsorgten Gruppen gehören, verloren haben. So ist es erklärlich, dass politisch unkorrekt zu sein für eher dem konservativen Spektrum zuneigende Amerikaner und für jene, die von der Fixierung auf Empörungs- und Benachteiligungsjournalismus schlicht genug haben, zu einem Qualitätsmerkmal wurde. Donald Trump hat dies im Wahlkampf 2016 effektiv ausgenutzt. Die Wahlnacht und die Tage danach waren vielerorts ein böses Erwachen für Amerikas Topjournalisten – das Volk war ihnen teilweise abhandengekommen. Auch die von den Mainstream-Medien verbreiteten Prognosen und Einschätzungen entsprachen eher dem, was die Expertenrunden bei CNN und MSNBC hören wollten – und nicht dem Empfinden der weniger Privilegierten in Michigan oder Wisconsin.

Es wird sich zeigen, ob der Richtungswechsel in Washington zum Niedergang der politischen Korrektheit führt oder ob diese in einer verantwortungsvollen Opposition ihr ursprüngliches Anliegen wird reanimieren können, nämlich Menschen Diskriminierung und Nachteile aufgrund der individuellen Persönlichkeit zu ersparen. Vergleichsweise harmlos wäre es, wenn sich der Umgang mit einem der für viele Amerikaner wichtigsten Festtage im Jahreslauf ändern würde. Die Säkularisierung von Weihnachten ist über die Jahre immer mehr Menschen im Lande übel aufgestoßen. Denn die PC hat bewirkt, dass kein Unternehmen und erst recht keine staatliche Institution ihren Mitarbeitern und Kunden *Merry Christmas* wünscht – es hat *Happy Holidays* zu heißen, schließlich könnte man ja sonst die Gefühle jener verletzen, die nichts auf Weihnachten geben. Um einige afroamerikanische Aktivisten zu beglücken, hat man überdies mit Kwanzaa eine Art künstliches Ersatzweihnachten für Menschen mit Sehnsucht nach westafrikanischen Tra-

ditionen eingeführt. Angesichts der neuen Mehrheitsver-
hältnisse in Washington könnte es in den nächsten Jahren
in den USA stärker weihnachten als bisher.

6. Das afroamerikanische Amerika: Die Ungleichheiten im System

In ihren acht Jahren im berühmtesten Amtssitz der Welt habe sie kaum etwas so sehr bewegt, berichtete First Lady Michelle Obama, und so nachdenklich gemacht wie der Gedanke daran, dass sie in einem Haus lebte, das von Sklaven errichtet worden war – sie, die Nachfahrin von Sklaven. Auch wenn es historisch präziser gewesen wäre, ein »unter anderem« einzubauen – der Amtssitz des Präsidenten wurde in den 1790er Jahren von freien schwarzen Arbeitern, weißen Arbeitern und Sklaven errichtet[1] –, kann man die Bedeutung dessen gar nicht hoch genug einschätzen, was sich im November 2008 zutrug: Nach ausschließlich weißen Männern wurde mit Barack Obama ein Politiker mit einer weißen Mutter und einem afrikanischen Vater zum 44. amerikanischen Präsidenten gewählt, zog eine schwarze Familie ins Weiße Haus ein. Präsident Obama selbst hat keine *afro-american experience*, also keine typische Biographie mit Afroamerikanern unter den Vorfahren, und er ist auch nicht in einer schwarzen Community aufgewachsen, sondern verlebte seine Jugendjahre unter anderem auf Hawaii und in Indonesien. Michelle Obama stammt hingegen von Sklaven ab, in ihrer Familiengeschichte findet sich auch die für diese menschenverachtende Institution so häufige sexuelle Ausnutzung versklavter Frauen durch den »Besitzer« oder durch andere Weiße. Kurz vor dem Bürgerkrieg wurde die junge, noch im Teenageralter befindliche Melvinia Shields auf einer

Plantage in Georgia von einem unbekannten weißen Mann geschwängert. Diese beiden Menschen waren die Ur-Ur-Ur-großeltern der ersten schwarzen First Lady.[2]

Der Wahlsieg Obamas 2008 wurde als eine Wendemarke betrachtet, als eine Art Reifezeugnis, wonach die USA endlich einen Status erreicht haben, auch eine Persönlichkeit nicht-weißer Hautfarbe, einen Angehörigen einer Bevölkerungsminderheit ins höchst Amt zu wählen. Dass im Miteinander der unterschiedlichen Ethnien mit diesem historischen Ereignis indes alle Probleme überwindbar werden, war eine unrealistische Hoffnung, der sich damals nur die allergrößten Optimisten hingaben.

Szenenwechsel Nummer eins: In Philadelphia hat man an der Market Street wenige Schritte von der Independence Hall und von jenem Museumspavillon entfernt, der die berühmte, aber historisch nicht sehr signifikante Liberty Bell beherbergt, die Grundrisse des *President's House* freigelegt. In den rund zehn Jahren, in welcher die Stadt der Unabhängigkeitserklärung und der Verfassung die Hauptstadt der USA war, diente das Haus als Amtssitz. George und Martha Washington wohnten hier von 1790 bis 1797, sein Nachfolger John Adams und dessen Frau Abigail residierten in dem bürgerlich-bescheidenen Gebäude bis zum Mai 1800, als die Regierung in die neu angelegte Hauptstadt Washington umzog. Das ein Stück »öffentliche Archäologie« darstellende Präsidentenhaus von Philadelphia mit seinem im Boden nachkonstruierten Grundriss und den freigelegten Fundamenten der Küche zeigt eine Dauerausstellung mit dem Titel »Freiheit und Sklaverei während der Entstehung einer neuen Nation«.

Szenenwechsel Nummer zwei: Unweit der Hauptstadt Washington liegt pittoresk auf einer Anhöhe über dem Potomac das Anwesen George Washingtons, Mount Vernon. Es ist eine der wichtigsten Touristenattraktionen der Region und mit mehr als einer Million Besuchern das meistbesuchte der zahlreichen *Presidential Homes* in den USA.[3] Seit Herbst 2016 gibt es dort eine neue Ausstellung: »Sklaverei auf George Washingtons Mount Vernon«.

Szenenwechsel Nummer drei: Unweit von Mount Vernon liegt die reizende Stadt Alexandria, offiziell dem Commonwealth of Virginia zugehörig, de facto aber ein sehr schöner und zum Wohnen nicht ganz preiswerter Vorort von Washington D. C. Alexandria ist älter als die Hauptstadt, der Ortskern wurde 1749 angelegt. Bei der urbanen Planung war damals ein junger Landvermesser beteiligt: der 17-jährige George Washington. Hier bietet John Taylor Chapman seine Touren an. Chapman, Mitglied des Stadtrates von Alexandria und ehemaliger Leiter der örtlichen Sektion der traditionsreichen Bürgerrechtsbewegung NAACP (National Association for the Advancement of Colored People, 1909 gegründet), führt die Teilnehmer zu Stätten im historischen Stadtkern, die mit der Sklaverei in Verbindung stehen, von der *waterfront*, wo die Unglücklichen von den Schiffen getrieben wurden, bis zum Market Square, wo sie verkauft wurden und der außerdem Schauplatz mehrerer Lynchmorde an Schwarzen war.[4]

Szenenwechsel Nummer vier: Wirft man an einem willkürlich gewählten Abend einen Blick auf die Auswahl der Premium-Fernsehkanäle sowie auf das On-demand-Angebot, so bieten sich zur Entspannung unter anderem an: *12 Years a Slave* (2013), *Birth of a Nation* (2016), *Belle* (2013) und *Django Unchained* (2012). Eines haben alle diese Produktionen gemeinsam: es geht um Sklaverei.

Der geneigte Leser, der aus dieser unvollständigen Aufzählung den Eindruck vermittelt bekommt, dass die Sklaverei im öffentlichen Leben der USA eine wichtige Rolle spielt, liegt vollkommen richtig. Sie ist allgegenwärtig und dies 150 Jahre nach ihrer Abschaffung. Diese Präsenz als eine Art überfälliger Aufarbeitung eines dunklen Kapitels der amerikanischen Geschichte anzusehen, trifft es indes nicht. Die Sklaverei wird seit den Gründertagen aufgearbeitet, leidenschaftlich diskutiert und immer wieder neu erforscht; sie war der sprichwörtliche »Elefant im Raum« seit Thomas Jefferson in der Unabhängigkeitserklärung die schönen Worte vom Recht auf Leben, Freiheit und dem Streben nach Glück formulierte und ein jeder doch wusste, dass dieses Recht nicht für die Sklaven gelten würde. Und nur in dem Maße für freie Schwarze, das in einer von Rassenvorurteilen durchsetzten Gesellschaft überhaupt möglich war. Es gibt zahlreiche Seiten in den Annalen der USA, die nach wie vor einer vollständigen und ehrlichen Aufarbeitung bedürfen – wie zum Beispiel das Schicksal der Ureinwohner –, doch die Sklaverei gehört kaum mehr dazu. Sklaverei ist zurzeit »in« – es passt in eine vor allem von politischen Aktivisten, Hochschullehrern und Journalisten orchestrierte Strömung, die jene 12,3 Prozent der US-Bevölkerung, die als Afroamerikaner gelten, in eine permanente, institutionalisierte Opferrolle zu drängen sucht.

An der Sklaverei entzündeten sich schon lange vor Hollywood und vor den Leitartikeln der *New York Times* die Gemüter. Die ersten versklavten Afrikaner wurden 1619 in die englische Ur-Kolonie Jamestown eingeführt, ironischerweise in exakt dem Jahr, in dem sich dort eine erste Bürgervertretung als Keimzelle von demokratischer Mitbestimmung auf dem Gebiet der späteren USA etablierte.[5] Allein während des folgenden 18. Jahrhunderts sollen zwischen sechs und sieben Millionen Menschen aus Afrika in die Neue Welt verschleppt worden sein. In die Karibik, aber auch in die englischen Kolonien in Nordamerika. Tabak und Baumwolle, die beiden wichtigsten Exportprodukte des Südens, wurden vornehmlich von Sklaven geerntet.

Der Gründervater Thomas Jefferson besaß auf seinem virginischen Anwesen Monticello unweit der Universitätsstadt Charlottesville (der Schöngeist selbst gründete die heute hoch angesehene Alma Mater) im Laufe seines Lebens etwa 600 Sklaven. In der zu diesem landwirtschaftlichen Betrieb gehörenden Nagelfabrik arbeiteten schon zehnjährige Knaben. Jeffersons Apologeten unter den Historikern und Biographen warten mit der These auf, dass er ein viel menschenfreundlicherer Herr war als andere Sklavenhalter – eine Behauptung, die man zu jedem der zwölf sklavenhaltenden US-Präsidenten nachlesen kann und die man auf jedem restaurierten Herrenhaus in *Old Dixie* (den Südstaaten) bei der Touristenführung zu hören bekommt. Übel und sadistisch – das waren immer andere. Aus Jeffersons Notizen kann man den Standpunkt wählen, den man hören möchte, ein »Ich liebe Fleiß und verabscheue Grausamkeit« steht einem »Sie brauchen kräftige Disziplinierung, damit sie vernünftig arbeiten« gegenüber. Über viele Jahre abgestritten, heute Allgemeingut beim gebildeten Teil der amerikanischen Bevölkerung: Der dritte Präsident hatte mit seiner Sklavin Sally Hemings mindestens fünf Kinder. Sally selbst war das Produkt jener anderen Ausbeutung, der sexuellen Sklaverei: Ihr Vater war der Plantagenbesitzer John Wayles – Jeffersons Schwiegervater. Einer der Direktoren des 2016 in Washington eingeweihten und einen grandiosen Überblick über die 400-jährige Geschichte und Gegenwart des schwarzen Amerika präsentierenden National Museum of African American History and Culture weist zu Recht darauf hin, wie sehr die menschenverachtende Einrichtung Sklaverei den Mann umgab, der Amerikas Gründungsdokument verfasste: »Es war ein Sklave, der ihn auf einem Kissen zu seinem Vater brachte, als er geboren war; und es waren Sklaven, die sein Kopfkissen zurechtrückten, als er starb.«[6]

Wie anderen »aufgeklärten« Sklavenhaltern war auch Jefferson nicht wohl beim Gedanken daran, was die Zukunft einer auf Freiheitsrechten basierenden Nation bringen würde angesichts des Paradoxons, mehr als eine Million Menschen in Ketten unter ihren Einwohnern zu haben. Die Sklaverei, so lautet das häufig zitierte Verdikt Jeffersons, sei wie ein Wolf, den man bei den Ohren habe und den man weder dauerhaft festhalten noch ohne Gefahr loslassen könne. Die Gefahr für das Land und seine Einheit wurde größer, je mehr Sklaven es gab und je mehr Einfluss ihre Besitzer auf den Kurs des Landes hatten. Und dieser Einfluss war beträchtlich: Die Verfassung enthielt eine »Drei-Fünftel-Regel«, wonach die sklavenhaltenden Staaten des Südens im Kongress nicht nur wie jeder andere Staat relativ zu ihrer Bevölkerungszahl repräsentiert waren, sondern ein Sklave als drei Fünftel einer freien Person gelten würde. Die Stimm- und Rechtlosen verschafften somit ihren Herren eine überproportionale Macht. Diese zu sichern, wurde für die Sklavenhalter mit jedem neuen Staat, der bei der Erschließung des Westens hinzukam, zu einer größeren Herausforderung. Wären diese allesamt »frei«, wäre der südliche Einfluss im Kongress geschrumpft und schließlich, so befürchtete die Plantagenbesitzerklasse, würden Reformer aus dem Norden eine Mehrheit finden, um die Grundlage der Wirtschaft und der Prosperität der Großgrundbesitzer im Süden ein für alle Mal abzuschaffen.

Es kam zu Kompromissen, die nicht von Dauer waren. In den 1850er Jahren konstituierte sich eine neue politische Kraft, vornehmlich im Norden: die Republikanische Partei. In ihr hatten die Abolitionisten, die auf eine Abschaffung der Sklaverei drangen, beträchtliches Gewicht. Wie unmenschlich die Verhältnisse unter der Peitsche der Aufseher waren, hatte einer breiten Leserschaft ein Bestseller deutlich gemacht, das 1852 erschienene Epos *Onkel Toms Hütte* der Schriftstellerin Harriet Beecher Stowe. Längst drifteten die Vereinigten Staaten auseinander. Der »freie« Norden und auch das britische Kanada waren das Ziel von flüchtenden Sklaven, die von einem Netzwerk von Helfern und mit Stationen in geheimen Zufluchtsorten, der *Underground Railroad*, in die Freiheit geschleust wurden. Zwei der berühmtesten Aktivistinnen in diesem Netzwerk waren die ehemaligen Sklavinnen Sojourner Truth und Harriet Tubman. Um endlich auch Frauen und Farbige auf den Banknoten zu würdigen, hat das Finanzministerium beschlossen, das Porträt von Truth ab 2020 auf dem Zehn-Dollar-Schein abzubilden, während Tubman auf dem Zwanzig-Dollar-Schein den bisher dort dominierenden Sklavenhalter und Indianerschlächter Andrew Jackson, von 1829 bis 1837 siebter Präsident der USA, auf die Rückseite verdrängen wird.

Die neue Republikanische Partei trat 1860 zum zweiten Mal bei einer Präsidentschaftswahl an und brachte ihren Kandidaten ins Weiße Haus, den baumlangen und meist melancholisch dreinblickenden Provinzanwalt Abraham Lincoln aus Springfield, Illinois. Wer heute die USA als gespalten bezeichnet, mag einen Blick auf die Landkarte der damaligen Wahlergebnisse werfen. Lincoln erhielt seine Wahlmännerstimmen ausschließlich im Norden, im Süden stand sein Name nicht einmal auf dem Stimmzettel. Da sich jedoch drei andere Kandidaten um den Rest stritten, wurde Lincoln mit weniger als vierzig Prozent der Gesamtstimmen zum 16. Präsidenten gewählt. Um die Nation nicht noch stärker zu entzweien, erklärte er umgehend, nichts gegen die Sklaverei dort unternehmen zu wollen, wo sie bereits existierte. Lediglich ihre Ausdehnung wollte er verhindern. Es nützte nichts. South Carolina trat am 20. Dezember 1860, nur sieben Wochen nach der Wahl, aus den USA (der »Union«) aus, weitere zehn Staaten im Süden, von Virginia bis Texas, folgten. Zusammen gründeten sie die *Confederate States of America* (CSA). Und schließlich begann mit der Beschießung des von Unionstruppen gehaltenen Fort Sumter im Hafen von Charleston am 12. April 1861 der Amerikanische Bürgerkrieg.

Die Konföderierten kämpften für ihre Unabhängigkeit und damit den Erhalt der Sklaverei, Präsident Lincoln ging es zunächst nur, wie er immer wieder betonte, um die Wiederherstellung der Union durch Niederschlagung der Rebellion. Es wurde der erste moderne Krieg – mit der Premiere des Panzerschiffes und des U-Bootes, mit ganzen Armeen, die hocheffizient über das dichte Eisenbahnnetz vor allem des Nordens verschoben wurden. Und auch mit dem Konzept der Zerstörung der wirtschaftlichen Grundlagen des Gegners, uraufgeführt durch Unionsgeneral William Tecumseh Sherman, der in der Endphase eine Schneise der Verwüstung durch Georgia und South Carolina zog. Modern vor allem aber in den Opferzahlen: den rund 620 000 Toten würden auf die heutige Bevölkerung hochgerechnet etwa sieben Millionen entsprechen. Nach dem Sieg der Union am Antietam Creek änderte sich die politische Grundlage des Ringens. Präsident Lincoln verfasste seine Emanzipationsproklamation, eines der großen Dokumente der amerikanischen Geschichte. Die darin artikulierte Befreiung der Sklaven galt zunächst nur für jene in den feindlichen Südstaaten, da Lincoln die sklavenhaltenden, aber der Union treu gebliebenen Grenzstaaten Kentucky, Missouri, Maryland und Delaware nicht verprellen wollte. Mit dem Sieg der Union in der wichtigsten Schlacht bei Gettysburg im Juli 1863 (heute gibt es dort einen großen, sehr sehenswerten historischen Nationalpark) neigte sich die Waagschale zugunsten einer generellen Sklavenbefreiung. Der Kongress machte der unmenschlichen Einrichtung Anfang 1865 durch einen Verfassungszusatz endgültig ein Ende.

Die Erinnerung an den Bürgerkrieg und an die »Kriegshelden« des Südens wurde in den Staaten der Konföderation bislang hochgehalten. »Der Süden hat das Diktum umgekehrt, wonach die Sieger die Geschichtsbücher schreiben«, sagt der Historiker Brian Matthew Jordan von der Sam Houston State University in Texas. Denn bald nach 1865 setzten sich die überlebenden »Kriegshelden« der Konföderierten daran, in Memoiren und anderen Schriften die Legende eines *lost cause*, einer eigentlich doch edlen Sache zu kreieren. Nicht um die Sklaverei sei es gegangen, sondern um die Rechte der Einzelstaaten, mithin also um eine grundlegende amerikanische Freiheit – dieser Nonsens wird von Anhängern des *Old Dixie* bis heute nachgebetet. Zur Erschaffung der unzähligen den Süden überziehenden Monumente trug neben dem politischen Wiedererstarken der einstigen Sklavenhalterelite nach ca. 1877 auch die liebevoll gestrickte Fama von dem hohen Ehrbegriff des Südstaaten-Gentleman in Uniform bei. Die Tatsache, dass es im engeren geographischen Umfeld von Washington D.C. mindestens drei nach Robert E. Lee, dem Oberbefehlshaber der Konföderierten, benannte Schulen, einen Highway und ein großes Ehrenmal gibt, stimmt nicht nur Aktivisten nachdenklich, die selbst von Sklaven abstammen. Lee hatte wie andere Offiziere in der Armee des Südens als junger Offizier einen Eid auf die Verfassung der USA geschworen. Dieser Eid wurde gebrochen. Und die Fahne des Südens, die *Stars and Bars*, repräsentiert einen Unrechtsstaat, dessen Führung sich nie einer Wahl stellte. Sehr im Gegensatz zu Abraham Lincoln, der 1864 in einer turnusgemäßen Wahl im Amt bestätigt wurde –

für eine zweite Amtszeit, von der er nur die ersten fünf Wochen erleben sollte.

In jüngster Vergangenheit haben einzelne Staatsregierungen und Bürgerinitiativen allerdings einen Umschwung eingeleitet. So hat in South Carolina, dem Ursprung der Rebellion, die Gouverneurin Nikki Haley, eine Republikanerin, endlich die Fahne der Konföderierten Staaten von Amerika von einem Denkmal vor dem Kapitol in der Hauptstadt Columbia einholen lassen. Anderenorts wurden Denkmäler von konföderierten Generalen entfernt.

Der Bürgerkrieg machte die ehemaligen Sklaven zu freien US-Bürgern, doch von einer Gleichberechtigung waren sie noch gut hundert Jahre entfernt. Die so lange gültige Parole hieß *separate but equal*. Doch die schwarzen Schulen und Universitäten, die schwarzen Krankenhäuser und vor allem die schwarzen Wohngebiete waren nicht annähernd jenen der Weißen gleichgestellt – lediglich das *separate* sollte Realität sein. Nicht nur in den Staaten der ehemaligen Konföderation – aber dort ganz besonders – waren Afroamerikaner Bürger zweiter, wenn nicht dritter Klasse. Unvergesslich ist mir die Erzählung des Vaters eines Studienfreundes, der gegen Ende des Zweiten Weltkrieges in amerikanische Gefangenschaft geraten war. Zusammen mit einigen Kameraden wurde er in Georgia auf den Baumwollfeldern eingesetzt. Die Behandlung, so erinnerte sich der ältere Herr noch mehr als dreißig Jahre später mit Dankbarkeit, war gut und die *Germans* bekamen sogar ein paar Dollar, um am Samstagabend in der einzigen Kneipe des abgelegenen Ortes ein Budweiser zu genießen. Dort erlebten die Ex-Soldaten eines durch und durch rassistischen Regimes konsterniert, wie heimgekehrte schwarze Soldaten, die gerade vom Kampf gegen Hitler-Faschismus oder japanischen Imperialismus zurückgekommen waren, in einem dunklen Hinterzimmer, gemieden von den weißen Bewohnern dieser westlichen Demokratie, ihr Bier trinken mussten.

Wer das B.-B.-King-Museum in Indianola im Bundesstaat Mississippi besucht, für Musikliebhaber ein kleines Eldorado, kann dort auf einem Video eine Erinnerung des großen Delta-Blues-Musikers an die Zeit der strikten Rassentrennung sehen. Ohne Bitterkeit erinnert sich King daran, wie es war, wenn selbst er als landesweit angesehener Künstler zusammen mit seiner Band nach einem Hotel für Schwarze suchen oder zur Not, so es ein solches nicht gab, im Tour-Bus übernachten musste. Mit erkennbarer Rührung erzählt er von einem eher zufälligen Auftritt in jenem bewegten Jahr 1968: Statt vor einem schwarzen Publikum spielten B. B. King und seine Musiker vor »langhaarigen, weißen Kids«. Die Ovationen dieser für ihn ungewohnten Zuhörerschaft bewegten den großen Künstler noch so viele Jahre später.

Bevor es zu einem solchen Aufbrechen der Rassenschranken kam, bedurfte es eines jahrzehntelangen Kampfes der Bürgerrechtsbewegung und mutiger Einzelaktionen. Wie etwa der Näherin Rosa Parks, die sich am 1. Dezember 1955 weigerte, ihren Sitz in der *colored section* eines Busses in Montgomery, Alabama, für einen weißen Fahrgast aufzugeben, nachdem die *white section* vollständig besetzt war. Sie wurde verhaftet, doch ihr gewaltfreier Widerstand führte zu einem wirksamen Boykott des öffentlichen Nahverkehrs in Montgomery und wurde zum Vorbild für vieles, was kommen sollte – und was mit dem Namen des Friedensnobelpreisträgers Dr. Martin Luther King jr. eng verbunden ist. Die Zahl der Schulen in den USA, die nach Rosa Parks benannt sind, ist Legion und auch ein Asteroid trägt ihren Namen. Die Bürgerrechtlerin erreichte das fast biblische Alter von 92 Jahren. Andere wie Martin Luther King und Medgar Evers starben jung, gefällt von den Kugeln weißer Rassisten.

Der Kampf der Bürgerrechtsbewegung führte zu einem Amerika, in dem jeder Bürger die gleichen Rechte hat und die Stimmen der Minderheiten – oder der meisten von ihnen – gehört werden. Doch auch eine schwarze *First Family*, hoch angesehene schwarze Künstler wie Sidney Poitier und Harry Belafonte, steinreiche schwarze Musiker wie Beyoncé und Jay-Z und eine inzwischen breite schwarze Mittelschicht können nicht verschleiern, dass viele Afroamerikaner in einem Ausmaß wie keine andere Gruppe der US-Bevölkerung mit widrigen Lebensumständen zurechtkommen müssen. Die Geißeln vieler Afroamerikaner sind Armut, Drogen und vor allem Gewalt. In Chicago allein waren für das Jahr 2016 bis Ende November mehr als 3900 Opfer von Schusswaffen gezählt worden, mehr als 600 starben durch *gun violence*. Im Vergleich dazu erscheinen die 1920er Jahre, in denen Al Capone die Unterwelt der Metropole am Lake Michigan regierte, wie eine Epoche des Friedens und der Mitmensch-lichkeit. Mehr als drei Viertel der Opfer sind schwarz, mehr als drei Viertel der Täter sind schwarz. In zahlreichen fast ausschließlich afroamerikanischen Stadtteilen von Detroit und Baltimore, von New York und Washington sieht es nicht viel besser aus.

In den letzten drei Jahren ist eine Protestbewegung ent-standen, die sich großer Aufmerksamkeit durch die Medien erfreut. Sie nennt sich *Black lives matter* (Schwarze Leben zäh-len). In den Medien sind sie meist in Gestalt wütender, die geballte Faust in die Kamera erhebender junger schwarzer Menschen präsent. Ihr Protest gilt indes nicht den vielen Toten in Chicago, sondern jenen zweifellos tragischen Fäl-len, in denen Afroamerikaner unberechtigterweise durch Polizeigewalt zu Tode gekommen sind. Freilich: Diese Fälle sind nur ein geringer Prozentsatz aller durch Waffengewalt ums Leben gekommener Afroamerikaner. Nach einer FBI-

Statistik sind im Jahr 2014 insgesamt 2451 Schwarze ums Leben gekommen – in 2205 Fällen war auch der Täter oder die Täterin schwarz.[7] Leicht vereinfachend gesprochen: Die meisten schwarzen Gewaltopfer werden in der örtlichen Tageszeitung bestenfalls auf Seite 38 Erwähnung finden, während jene, die – so bedauerlich ein jeder Fall ist – durch Polizeigewalt umkommen, über Tage und Wochen Stoff für CNN und andere Mainstream-Medien liefern. So wie der junge Michael Brown, der im August 2014 von einem weißen Polizisten erschossen wurde und den manche Aktivisten als eine Art Bürgerrechtsmärtyrer verklären. Dass er ein Klein-krimineller war und wenige Minuten vor seinem Tod in einem Geschäft gestohlen und den Angestellten angegriffen hat, wurde nicht so gern verbreitet. Der 200-Pfund-Jugend-liche griff offenbar nach der Pistole des ihn stellenden Po-lizisten. Dieser wurde ungeachtet der aufgeheizten Atmo-sphäre von einer Jury freigesprochen. Als Antwort auf die *Black-lives-matter*-Bewegung wurde von zahlreichen Ame-rikanern der inhaltlich nicht ganz unlogische Slogan *All lives matter* in die Welt gesetzt. Diese Einstellung, dass alle Leben gleichberechtigt sind, wurde von zahlreichen Medien schnell als rassistisch verurteilt.

Der Reverend Dr. Martin Luther King sagte in seiner be-rühmten *I have a dream*-Rede, er träume von dem Tag, an dem die Menschen aufgrund ihres Charakters und nicht auf-grund ihrer Hautfarbe beurteilt würden. In den USA ein hal-bes Jahrhundert nach Kings Ermordung wird die Hautfarbe jedoch in der öffentlichen Diskussion besonders dann wahr-genommen, wenn es der eigenen politischen Agenda hilft. Und in Chicago, der Bronx, South Los Angeles und Southeast Washington wird weiter gestorben, abseits von TV-Kameras und Empörungsjournalismus.

7. Heiligtum und Fluch: Schusswaffen

Jaxon ist vier Jahre alt. Jaxon ist noch zu jung, um *K grade* zu sein, ein *kindergarten kid*, in der ersten Stufe des Grundschulsystems.

Jaxon liebt Eiscreme.

Jaxon hat seine Schwester erschossen.

Es passierte beim Großvater, einem Waffenenthusiasten. Der hat nicht weniger als zwölf Pistolen in seinem Haus. An jenem Februartag übersahen sowohl der Opa als auch die Oma eine 9-mm-Waffe, die auf dem Tisch lag. Und selbst wenn sie es gewusst hätten, dass eine Waffe ungesichert herumlag – wer hätte sich vorstellen können, dass ein Dreijähriger (so alt war Jaxon damals) einen Abzug drücken könnte, was dem Kraftaufwand beim Heben eines sechseinhalb Pfund schweren Gewichtes entspricht? Jaxon konnte. Das Geschoss drang seiner Schwester Kimi durch die rechte Schläfe, ein Loch von fast fünf Zentimetern Durchmesser hinterlassend. Das neunjährige Mädchen hatte keine Chance. Doch die kettenrauchende Mutter ruft den örtlichen Fernsehsender an – die Familie wolle nicht, dass das Bild von Kimi für eine Kampagne zur Waffenkontrolle benutzt wird. Denn Waffen sind für die ganze Familie eine Selbstverständlichkeit, den Besitz einzuschränken wäre für einen braven Anhänger der NRA ein Anschlag auf ein amerikanisches Grundrecht.

Jede Woche sterben in den USA im Schnitt zwei Kinder durch Unfälle mit Schusswaffen.

Am Klinikum der Johns Hopkins University in Baltimore arbeitet Dr. Joseph Sakran als Unfallchirurg – oder *trauma surgeon*, wie es im Englischen präziser heißt. Denn viele der von ihm operierten Traumen sind nicht durch Unfälle entstanden, sondern es sind Verletzungen, die Menschen mutwillig zugefügt wurden, meist durch Schusswaffen. Dr. Sakran kennt die Problematik aus eigener, leidvoller Erfahrung. Als er in einer Kleinstadt in Virginia zur High School ging, kam es nach einem Football-Spiel zu einer Auseinandersetzung, bei der Pistolen gezogen wurden. Eine verirrte Kugel traf den damals 17-jährigen Joseph in den Hals. Er musste mehrfach operiert werden, lebte ein halbes Jahr lang mit einer Tracheotomie, einem Luftröhrenschnitt. Damals beschloss er, Arzt zu werden. Als solcher kümmert er sich heute vor allem um Menschen mit Schussverletzungen. Und er gehört zu jenen Aktivisten, die für eine strengere Waffenkontrolle kämpfen.

Dies sind nur zwei Geschichten, eine aus Alabama, eine aus Maryland, an einem normalen Erscheinungstag der *Washington Post*, in deren Lokalteil sich ferner mehrere kurze Meldungen finden über meist junge (und, nicht erwähnt, meist schwarze) Männer, die bei Schusswechseln getötet oder verletzt wurden.[1]

Waffen sind eines der brisantesten Themen in den USA. Wie bei der Abtreibung oder der gleichgeschlechtlichen Ehe – und im Wahljahr 2016 auch bei der Präferenz für den einen Kandidaten oder die andere Kandidatin – stehen sich hier Menschen mit dezidierten Meinungen unversöhnlich gegenüber. Das hat einen Grund: Konservative Schätzungen gehen von 265 Millionen Schusswaffen in den USA aus, doch manche Experten halten eine Zahl von mehr als 300 Millionen für zutreffender. Bei einer Bevölkerung von rund 320 Millionen bedeutet dies, dass statistisch fast jeder Bewohner des Landes, vom Säugling bis zum Greis, eine Waffe besitzt. Aber so gleichmäßig sind die Gewehre, Pistolen und oft auch halbautomatischen Waffen von militärischer Feuerkraft natürlich nicht unter den US-Bürgern verteilt. Wie eine Studie der Northeastern University in Boston ergab, besitzen drei Prozent der Erwachsenen in den USA rund die Hälfte all dieser Waffen. Es sind die *super-owners*, die häufig auch in der NRA aktiv sind. Sie nennen zwischen acht und 120 Schusswaffen ihr Eigen, der Durchschnitt liegt bei 17 Waffen. Der Großvater von Kimi und Jaxon war also noch bescheiden bei der Akquise seiner Feuerkraft. Doch diese Zahlen und die stolz im Holster getragenen Waffen der Enthusiasten in jenen Bundesstaaten, in denen dies erlaubt ist, können nicht darüber hinwegtäuschen, wie ablehnend viele Amerikaner dem Waffenkult gegenüberstehen und dass immer mehr Menschen im Lande die weite Verbreitung nicht nur als nationales Problem, sondern geradezu als eine Epidemie ansehen. Der Anteil der Waffenbesitzer an der Gesamtbevölkerung sank seit 1994 von 25 Prozent auf 22 Prozent. Die Zahl der durch Schusswaffen ums Leben gekommenen Amerikaner liegt bei 30 000 pro Jahr. Allerdings sind dies nicht alles Morde. Eine beträchtliche Zahl von Unfällen, an denen nicht selten Kinder beteiligt sind, ist darunter und noch mehr Selbstmorde – laut der Erhebung der Northeastern University machen die Suizide fast zwei Drittel der tödlichen Ereignisse aus.[2] Für all jene, die wie Dr. Sakran gegen die Allgegenwart von Schusswaffen kämpfen, ist dies ein leichter Hoffnungsschimmer: Der Anteil der Haushalte, in denen es mindestens eine Waffe gibt, ist nach einer Befragung der *Washington Post* im Laufe der letzten vierzig Jahre stetig zurückgegangen, von 51 Prozent im Jahr 1978 auf 38 Prozent im Jahr 2016. Doch wie so viele Befragungen stößt auch hier die Zuverlässigkeit der Demoskopie an eine von der Ehrlichkeit der Befragten gesetzte Grenze. Wie viele Waffenliebhaber werden wohl einem als liberal (im deutschen Sprachgebrauch: links) bekannten Medium, das sich vehement für *gun control* einsetzt, wahrheitsgemäß antworten? Der Kommentar eines Lesers sagt viel aus – über Waffen, über die Medien, über Misstrauen, über die USA: »Das Einzige, was diese Umfragen belegen, ist, dass der normale Bürger diesen Journalistengaunern nicht traut. Wenn Sie wirklich glauben, dass Waffenbesitz ein *40-year low* erreicht hat – gehen Sie doch einfach mal auf einen Schießstand.«[3]

In einem für viele Europäer schwer nachvollziehbaren Ausmaß ist die Waffe Teil des amerikanischen Lebens und auch des amerikanischen Selbstverständnisses. Waffen begleiten die auf dem nordamerikanischen Kontinent siedelnden und wohnenden Weißen, und im Laufe der Zeit dann auch alle anderen ethnischen Gruppen, seit der ersten Landung bei Jamestown. Ohne diese überlegene Bewaffnung mit den heute zwar unpraktisch aussehenden Arkebusen, Musketen und ähnlichen, für die Verhältnisse des 17. Jahrhunderts jedoch fortschrittlichen Schießeisen wäre eine Besiedlung und Eroberung des Kontinents vielleicht nicht unmöglich, aber doch wesentlich schwieriger geworden.

Ein massiver Angriff durch die in Virginia lebenden Powhatan im März 1622 stellte kurzzeitig das Überleben der ersten englischen Kolonie trotz der besseren Bewaffnung der Siedler infrage. Die Powhatans überfielen vor allem außerhalb der hölzernen Palisaden von Jamestown gelegene Farmen und töteten ein Viertel der Neuankömmlinge. 22 Jahre lang wiederholte sich das Geschehen – zu diesem Zeitpunkt stellte der Verlust von 500 Siedlern keine Gefahr für den Bestand der Kolonie mehr dar. Waffenbesitz war also eine Überlebensfrage. Zum einen waren sie für die Verteidigung unverzichtbar, zum anderen garantierte die Jagd eine halbwegs sichere Nahrungsversorgung. Es kann gemutmaßt werden, dass die englische Regierung im vornehmen Londoner St. James's Palace kein klares Bild davon hatte, wie gut die Untertanen in der fernen nordamerikanischen Kolonie mit Waffen ausgestattet und im Umgang mit diesen erfahren waren, als sich ab 1763 der Konflikt zwischen beiden Seiten zunehmend verschärfte. Es ist charakteristisch, dass es eine Bürgerwehr war, normale Kolonisten also, Farmer, Handwerker, Lehrjungen, die sich den Engländern als Erste in den Weg stellten. Die Briten hatten von einem größeren Waffenlager der »Rebellen« in dem kleinen Ort Concord Kunde bekommen und eine Armeekolonne in Marsch gesetzt, um dieses auszuheben. Auf etwas mehr als dem halben Wege stellte sich die örtliche Miliz auf dem *green* (der zentralen Grünfläche in der Anlage vieler neuenglischer Städte) des Dorfes namens Lexington den »Rotröcken« in den Weg. Wer den ersten Schuss bei diesem als »Schlacht von Lexington« bezeichneten Scharmützel abfeuerte, ist unklar. Nach traditionellem amerikanischen Selbstverständnis war es aber *a shot heard around the world*. Das ist sogar durchaus richtig: Die Rebellion gegen ein gekröntes Haupt und dessen (Berufs-)Soldaten wurde in ganz Europa erregt diskutiert. Nach Lexington berichteten die Gazetten mit der üblichen, durch die von den windgetriebenen Verkehrsmitteln zwischen Alter und Neuer Welt bedingten Verzögerung regelmäßig über das ferne Geschehen. Es erschien vielen Beobachtern als ein Fanal, als ein Höhepunkt des Zeitalters der Aufklärung – das Diktum des Philosophen Immanuel Kant vom Aufbruch des Menschen aus seiner selbstverschuldeten Unmündigkeit wurde von den waffentragenden Kolonisten geradezu vorexerziert.

So ist es kein Wunder, dass das Milizwesen (auch wenn die Entscheidung im Unabhängigkeitskrieg letztlich durch ein stehendes Heer und das eines Verbündeten – Frankreichs – herbeigeführt wurde) nach Erringung der staatlichen Souveränität als ein Kern des Bürgerbewusstseins der neuen Nation galt. In Philadelphia verabschiedete der Kongress 1791 den zweiten Verfassungszusatz, der heute das sakrosankte Vaterunser der Waffenlobby und der allermeisten Waffenbesitzer ist. Sie zitieren es kurzerhand als *the right to bear arms*, das Recht, Waffen zu tragen. Allerdings wird in dem Passus sehr genau definiert, zu welchem Zweck dies geschehen soll. Vollständig ausformuliert lautet der entscheidende Satz: »Eine gut geregelte Miliz ist essentiell für die Sicherheit eines freien Staatswesens; das Recht der Menschen, Waffen zu tragen, soll nicht verletzt werden.« Einer wirklichen Miliz, zumindest einer legalen, gehören wohl nur wenige der modernen Waffenfans an; die Nachfolgeorganisation der revolutionären Milizen, die Nationalgarde, bewahrt ihre Waffen in speziellen Lagern auf.

Was die Verfechter einer uneingeschränkten Interpretation des Verfassungszusatzes und damit meist auch Gegner jedweder Kontrolle und Registrierung von Waffen freilich nicht sagen: Die Verfassungsväter schlossen nicht nur ganze Bevölkerungsgruppen wie freie Schwarze, Sklaven und auch jene Weiße vom Waffenbesitz aus, deren Loyalität zu den Idealen der neuen Republik fraglich waren. Mehr noch: Der Kauf einer Waffe war keine Privatangelegenheit, sondern war von Männern im wehrfähigen Alter gefordert. Sie und ihre (zum Beispiel) Kentucky Rifles bildeten die Milizen der einzelnen Staaten und damit eine Bürgerwehr in allen denkbaren Konflikten, von inneren Unruhen bis zu Indianerüberfällen. Und selbstverständlich wurden diese Männer und mit ihnen ihre Waffen registriert. Hätte es damals schon eine NRA mit ihren heutigen Bewertungskriterien für *gun-friendliness* gegeben, die ansonsten so verehrten Gründerväter würden wahrscheinlich keine guten Noten von der Lobby bekommen.[4]

Die Eroberung des Kontinents durch die junge Nation geschah mit der Waffe in der Hand. Die Ureinwohner fielen diesen Waffen der Weißen ebenso zum Opfer wie den eingeschleppten Epidemien und auch dem Hunger, der Teil ihres Daseins wurde – für die Bewohner der Prärie vor allem, nachdem weiße Jäger und Sportschützen die Hauptquelle für Nahrung und auch Bekleidung, den amerikanischen Büffel, fast ausgerottet hatten. Die zweite Hälfte des 19. Jahrhunderts westlich des Mississippi stellte das dar, was wir heute nur noch romantisiert als »Wilden Westen« kennen – ohne Waffenbesitz wäre er undenkbar. Als Samuel Colt 1836 den Revolver erfand, wurde dem Westen sein Sinnbild erschaffen. Dieser *six-shooter*, der schnell die seit Jahrhunderten fast gleich gebliebenen Pistolen mit einem Lauf (und einer Kugel) oder maximal zwei Läufen obsolet werden ließ, schuf den Helden der Epoche, den *gunslinger*, den Revolverhelden. Die Taten der berühmtesten dieser Spezies wurden den Zeitgenossen durch eine erblühende Sensationspresse und ausgeschmückte Groschenromane nähergebracht. Wirkliches und dauerhaftes Kulturgut wurden die »Bösen« wie Frank und Jesse James, wie Billy the kid und die Dalton Gang sowie die »Guten« wie Wyatt Earp, Bat Masterson und Wild Bill Hickok indes erst im 20. Jahrhundert, als Hollywood ein ganzes Genre, den Western, erschuf. Verklärung der »Helden« war über viele Jahre ebenso angesagt wie die Verklärung der Waffe, die vereinzelt sogar zum Hauptdarsteller wurde. Am brillantesten geschah dies wohl in Anthony Manns Klassiker *Winchester '73* mit James Stewart und Shelley Winters – und dem Repetiergewehr mit der goldenen Plakette natürlich. Erst mit den Spätwestern, die mit spürbarer Desillusionierung ab den 1960er Jahren gedreht wurden, kam

mehr Realismus im Umgang mit diesen Identifikations-
figuren der amerikanischen Pioniergeschichte auf – und die
Erkenntnis, dass die Grenze zwischen Gut und Böse bei den
meisten dieser Heroen eine durchlässige war.

Die Waffe als Instrument des Bösen, wenn nicht gar des
Wahnsinnigen, ist eine in der zweiten Hälfte des 20. Jahrhunderts sich zunehmend ins nationale Bewusstsein ein-
brennende Vorstellung. Vor etwas mehr als fünfzig Jahren
hievte der Urvater der mental gestörten, waffenverliebten
und mediale Aufmerksamkeit heischenden Massenmörder
seine riesige Tasche aus dem Auto und schritt auf den Turm
des Hauptgebäudes der University of Texas zu. Charles Whitman war an diesem 1. August 1966 gewillt, sich in die Geschichtsbücher einzutragen. Seine Vita klingt inzwischen,
nachdem seine zahlreichen Epigonen über die amerikanische Gesellschaft gekommen sind, wie ein vertrautes Narra-
tiv. Ein hochintelligenter Junge wächst heran, wird von dem
autoritären Vater ebenso verprügelt wie seine Mutter und
lernt von ihm die Quintessenz amerikanischer Virilität zu
schätzen: Schusswaffen in allen Größen und Ausführungen.
Zur Perfektion bringen ihn die Marines, bei denen er sich als
Scharfschütze ausbilden lässt. Seine Werte sind besser als
die des Lee Harvey Oswald, der kurz zuvor gleichfalls durch
diese Schule gegangen war und ebenfalls von einem hoch
gelegenen Standort aus berühmt-berüchtigt wurde. Whitman studiert in Austin, heiratet, beginnt unter Kopfschmer-
zen zu leiden und nimmt reichlich Tabletten. An diesem
1. August bringt er zunächst seine Mutter, dann seine Frau
Kathy um. Am Turm angekommen, fährt er per Aufzug zum
Beobachtungsdeck, wo er drei Besucher tötet. Er packt seine
Waffensammlung aus und beginnt kurz vor zwölf Uhr mit-
tags von seinem Aussichtsposten in fast hundert Metern
Höhe für rund eineinhalb Stunden mit seinen Präzisions-

gewehren wahllos auf Menschen zu schießen. Erst als zwei Polizisten die Plattform stürmen und Whitman erschießen, hat der Horror ein Ende. Der Scharfschütze hat an diesem heißen texanischen Mittag 15 Menschen erschossen und dreißig verletzt, von denen zwei später den Folgen ihrer Verletzungen erliegen werden.

1966 war ein solch wahlloser Massenmord noch so ungewöhnlich, dass Whitmans Tat die Kulturschaffenden inspirierte – zumindest jene, in deren Œuvre Düsternis einen Platz hatte. Zwei Jahre später drehte Peter Bodganovich seinen Low budget-Film *Targets* (dt. *Bewegliche Ziele*), in dem ausgerechnet ein alternder Horrorfilmdarsteller – Boris Karloff in einer autobiographischen Rolle – einen Whitmanesken Charakter überwältigt. Es ist die Konfrontation einer überkommenen cineastischen Schreckensfigur mit dem modernen Typus des Monsters: adrett gekleidet, von bürgerlichem Habitus und mit amerikanischer, im Falle Whitmans strohblonder Kurzhaarfrisur – in einer Zeit, da dem Bürgertum doch gerade die Langhaarigen, die Hippies, die Vietnam-Verweigerer als Gefahr erschienen. Auch in anderen, bluttriefenden Filmen wie *Full Metal Jacket* und *Natural Born Killers* wird auf Whitman Bezug genommen; Kurt Russell stellte ihn 1975 in einer TV-Produktion dar und in die zeitgenössische Unterhaltungsmusik ging er mit Harry Chapins Ballade *Sniper* ein.

Zu zahlreich sind inzwischen die Amokläufer, die nach ihm kamen, um noch alle Platz in der Populärkultur zu finden. Massaker an öffentlichen Plätzen, an Schulen und Universitäten, geschehen inzwischen mit entsetzlicher Regelmäßigkeit, manchmal verübt von unzweifelhaft Irrsinnigen wie das grauenhafte Blutbad an der Sandy Hook Elementary School in Connecticut, wo ein einzelner Attentäter neben sieben Erwachsenen zwanzig Kinder im Alter von sechs und sieben Jahren tötete. Manchmal liegt dem Massenmord eine religiöse Fanatisierung zugrunde wie bei den Massakern in San Bernardino 2015 mit 14 Toten und im Nachtklub *Pulse* in Orlando 2016 mit 49 Toten. Oder es wird kein nachvollziehbarer Grund sichtbar. Ein jedes dieser Massaker ruft kurzfristig die Forderung nach einer strengeren Waffenkontrolle hervor; die NRA schweigt meist zunächst und weist dann allenfalls darauf hin, dass nicht so viele Menschen umgekommen wären, wenn die *good guys* ebenfalls eine Waffe getragen hätten. Und sich den Massenmördern so ausgerüstet in den Weg gestellt hätten wie einst Wyatt Earp den Clantons am O. K. Corral von Tombstone, Arizona.

Nach der Urform der modernen Massenmorde unter medialer Aufmerksamkeit und möglichst Live-Berichterstattung, nach Whitmans Besteigung des Universitätsturms, ordnete der Gouverneur von Texas, John Connally, 1966 eine genaue Untersuchung der Umstände und Hintergründe der Tat an. Es war jener Connally, der drei Jahre zuvor, an einem der traumatischsten Tage Amerikas, dem 22. November 1963, mit seinem Präsidenten John F. Kennedy in einer offenen Limousine durch Dallas gefahren war. Es war Connallys schmerzgeplagter Aufschrei, als ihn die (letztlich nicht tödliche) Kugel Lee Harvey Oswalds traf, der in jeder heutigen Nachrichtensendung, in jedem Tweet über *shooter* und *sniper* im Paradies des unabdingbaren Waffenbesitzes Widerhall zu finden scheint: *My God! They're going to kill us all!*

8. Zwischen Silikonchips und Rost: Industrie und Verkehr

Der sonnige, klare Morgen wurde eine Sternstunde der Hochtechnologie und bewies der Welt, zu welchen Glanzleistungen Amerika im Namen eines unaufhaltsamen Fortschritts fähig ist. Es war der 10. Mai 1869 an einem bis zu diesem Tag menschenleeren Flecken im Territorium Utah mit Namen Promontory Point. Ein nationales Projekt, das größte seit Gründung der Nation, stand vor seinem Abschluss und im Mittelpunkt stand das technische Wunderwerk der Epoche, das den Menschen im wahrsten Sinne den Horizont erweitert hatte wie kaum eine Erfindung zuvor: die Eisenbahn. Im 19. Jahrhundert sprengte diese das Bild der Welt für viele Zeitgenossen. War man bislang kaum der Sichtweite des dörflichen oder städtischen Kirchturms entkommen, so brachte der Kauf eines Tickets die Menschen plötzlich in bislang unbekannte Regionen und gar über Landesgrenzen hinweg. Nirgendwo wurde dieser Fortschritt so begeistert aufgenommen wie in den USA, wo die Distanzen immer schon riesig waren. Mit der territorialen Ausdehnung nach Westen indes schienen sie mit herkömmlichen Fortbewegungsmöglichkeiten – zu Fuß, auf dem Pferderücken, in Planwagen oder Postkutsche – kaum überwindbar. Schon am Weihnachtstag 1830 (und damit fünf Jahre vor Vollendung der ersten Bahnstrecke in Deutschland zwischen Nürnberg und Fürth) fuhr der erste Zug auf einer kurzen Strecke mit ausgesuchten Passagieren aus der städtischen Oberschicht in Charleston, South Carolina. Im darauffolgenden Jahr wurde der Linienbetrieb zwischen den Städten Albany und Schenectady im Bundesstaat New York aufgenommen. Im Jahr 1840 gab es bereits rund 5000 Kilometer Bahnlinie in den USA, mehr als in allen europäischen Ländern zusammengenommen.

Dann kam der Goldrausch in Kalifornien. Um in den *Golden State* zu gelangen, war eine wochenlange Reise nötig – um die Südspitze des Kontinents bei Kap Hoorn, über eine Landenge in Nicaragua und auf dessen Pazifikseite weiter mit dem Schiff (vor dem Bau des Panamakanals im frühen 20. Jahrhundert eine häufig frequentierte Reiseroute) oder über Prärien und die Rocky Mountains durch Indianergebiete, die dem Vordringen der Weißen noch verschiedentlich Widerstand entgegensetzten. Der Bahnbau an die ferne Pazifikküste wurde folglich als eine Aufgabe von epochaler Größe gesehen, so wie es der Herausgeber der Zeitschrift *American Railroad Journal* artikulierte und damit gleichzeitig ein Sendungsbewusstsein offenlegte, das in den USA bis heute spürbar ist: »In einer Eisenbahn zum Pazifik haben wir ein nationales Unternehmen, das in seiner Größenordnung und in seinen Ergebnissen alles hinter sich lässt, was die Menschheit je versucht hat. Mit seiner Ausführung werden wir die uns zugewiesene Mission erfüllen. Und diese ist größer, als sie sich je einer Nation offenbart hat.«[1]

Im Juli 1862 setzte Präsident Abraham Lincoln seine Unterschrift unter jenes Gesetz, das den Bau einer transkontinentalen Eisenbahn regelte. Es erscheint typisch für den manchmal grenzenlosen Optimismus der amerikanischen Seele, dass dieser in die Zukunft weisende Akt ausgerechnet mitten in der nationalen Tragödie des Bürgerkrieges geschah. Wenn diese Prüfung überstanden war, so dachten mit Lincoln viele Politiker, Investoren und Ingenieure, dann würde Amerika stärker, größer und schöner sein als je zuvor. Lincolns Ermordung 1865 und seine Verklärung zum nationalen Märtyrer verliehen der Aufgabe, die bislang zwischen Nord und Süd zerrissene Nation jetzt mit einem eisernen Band von Ost nach West zu einen, geradezu höhere Weihen. Manchmal scheint sich die Geschichte zu wiederholen. Fast einhundert Jahre später, im November 1963 wurde abermals ein Präsident ermordet, der die Nation auf eine nationale Herausforderung eingeschworen hatte. John F. Kennedy hatte gefordert, noch vor Ende des Jahrzehnts einen Mann zum Mond und wieder sicher zurückzubringen. Seine Vision wurde nach einer nationalen Kraftanstrengung im Juli 1969 erfüllt.

Lincolns Traum ging exakt hundert Jahre zuvor in Promontory Point in Erfüllung. In dem gigantischen Bauprojekt hatte sich die Central Pacific von Sacramento ausgehend nach Osten vorgearbeitet, während die Heerscharen von Arbeitern der Union Pacific von Omaha aus gen Westen den Weg bahnten. An jenem Maimorgen trafen die beiden Schienenstränge schließlich aufeinander. Zwei Lokomotiven fuhren aus entgegenkommenden Richtungen langsam aufeinander zu und einer der Eisenbahnpräsidenten schlug den letzten Nagel ein – er war aus purem Gold. Der Fotograf Andrew J. Russell bat die mit Champagner gut ausgestatteten Arbeiter, Ingenieure und Kapitalisten, sich zusammen mit den Lokomotiven seiner Kamera zu präsentieren und schoss eines der berühmtesten Fotos der amerikanischen Geschichte: Amerikaner unterschiedlicher Gesellschaftsklassen im Moment des Triumphes vereint.

Wer heute mit der Eisenbahn in den USA unterwegs ist, denkt weder an Champagner noch an Triumph. Manche Regionen sind schlecht oder gar nicht per Zug zu erreichen, und dort, wo es ein funktionierendes Streckennetz gibt, sind

Service, Pünktlichkeit und Performance keine gute Werbung für dieses Verkehrsmittel. Dabei ist die Nachfrage hoch und unzweifelhaft würden viele Amerikaner nur allzu gern vom Auto auf die Bahn umsteigen, wenn dies denn eine Alternative wäre. Die bei weitem belebteste Strecke ist der sogenannte *Northeast Corridor*, ausgehend von Washington D.C. über Philadelphia und New York bis nach Boston. Auf der Strecke von Washington, wo der prächtige Bahnhof Union Station pro Jahr rund fünf Millionen Fahrgäste abfertigt, nach New York transportiert die staatliche Eisenbahngesellschaft Amtrak dreimal so viele Passagiere wie alle diese Verbindung bedienenden Fluggesellschaften. Die Fahrt mit der Bahn erspart den Reisenden die unzähligen Staus auf den in dieser Region meist überlasteten Interstates und den Stress sowie den Zeitverlust, den die Nutzung eines der ähnlich überfüllten Flughäfen in unserer Zeit mit sich bringt. Der Autofahrer vermeidet so außerdem die unzähligen *toll plazas*, die mit kürzer werdender Entfernung zu New York City immer häufiger werden und an denen eine Gebühr für die Benutzung der Highways zu entrichten ist.

Insgesamt nutzen mehr als elf Millionen Passagiere jährlich die Zugverbindungen des *Northeast Corridor*. Das Prunkstück von Amtrak auf dieser Stecke ist der Acela Express, der als *high-speed train* gilt. Die Fahrt mit dem Acela Express offenbart indes einen Blick auf die Mängel an Service und Infrastruktur, die dieses für ein Land wie die USA eigentlich ideale Verkehrsmittel plagen. So kennt man eine Selbstverständlichkeit des europäischen Bahnbetriebes nicht, den reservierten Sitzplatz. Die Passagiere stehen nach in angelsächsischen Ländern traditionell gepflegter Sitte in der Bahnhofshalle höchst diszipliniert in einer Schlange und werden erst dann auf den Bahnsteig gelassen, wenn der Zug eingefahren ist. Dann gilt es, einen Sitzplatz zu finden –

angesichts eines Preises in der Business Class von mehr als 500 Dollar für die Strecke Washington – New York und zurück durchaus eine Zumutung.

Schwerwiegender sind jedoch die Mängel in der Infrastruktur. Die Gleise sind alt, die Brücken sind noch älter und die Tunnel sind mancherorts uralt – was auf der amerikanischen Zeitskala bedeutet: während oder kurz nach dem Bürgerkrieg erbaut. So kann der Acela Express sein volles Potential nur auf relativ kurzen Streckenabschnitten ausnutzen, bevor er an anderen Segmenten der Route mit einer Geschwindigkeit fährt, die von jeder das Ruhrgebiet durchkreuzenden S-Bahn überboten wird. Insgesamt bringt es der Acela Express auf dem Streckenabschnitt von New York nach Boston auf eine Durchschnittsgeschwindigkeit von 62 Meilen oder rund einhundert Kilometer pro Stunde. Es ist also schwerlich ein Erlebnis, das mit *high speed* treffend beschrieben ist. Hochgeschwindigkeitszüge wie den Acela Express in anderen Staaten zu bauen, wird zwar seit Langem geplant. Oft ist jedoch die Lobby der Ölindustrie nur zu deutlich spürbar. So haben etwa zahlreiche Gouverneure die von der Regierung Obama bereitgestellten Bundesmittel für den Eisenbahnbau einfach zurückgewiesen. Autofahren sei nun einmal die wahrhaft amerikanische Art der Fortbewegung – und das Zücken der Kreditkarte an den Tankstellen praktizierter Patriotismus. Einige ambitionierte Pläne harren zurzeit der Verwirklichung und hängen vielerorts von privaten Investoren ab. Diese sucht man beispielsweise im Ölstaat Texas für einen Hochgeschwindigkeitszug, der die Metropolen Dallas/Fort Worth und Houston und später vielleicht auch noch die Hauptstadt Austin verbinden soll. Die 400 Kilometer zwischen Dallas und Houston wären dann in eineinhalb Stunden zu bewältigen. Doch bis solche Projekte Realität werden, bleibt die Eisenbahn ein vernachlässigtes Potential.

Eine offenbar grundsätzliche Neigung der Amerikaner scheint es zu sein, Dinge, die kaputt und letztlich nur noch ein Schandfleck sind, keineswegs umgehend zu entfernen oder, wenn es sich um Gebäude handelt, abzureißen. Die ehemalige First Lady Barbara Bush beispielsweise bewunderte bei einem Deutschlandbesuch die dortige Sauberkeit, die sich darin ausdrückte, dass keine Autowracks am Straßenrand zu sehen waren. In den USA stößt man in Gegenden, die nicht mit wirtschaftlicher Prosperität gesegnet sind, fast immer auf leer stehende, manchmal ausgebrannte, aber praktisch immer mit Unrat gefüllte und mit Graffiti beschmierte Häuser. Auch für den Niedergang der Eisenbahnen gibt es reichlich Monumente, die manchmal durchaus reizvolle Motive für Industriefotografen bieten. Stillgelegte Bahnstrecken, deren Schwellen nur schwer durch eine erblühende Flora hindurch zu erkennen sind, gehören ebenso dazu wie die verfallenden Tempel des einstigen Wegbereiters von Fortschritt und persönlicher Freiheit. Das vielleicht grandioseste Beispiel eines dieser Monumente von einstiger Größe und moderner Vernachlässigung dürfte das Michigan Central Depot in Detroit sein. Mit seinen Gewölbehallen verdient es wahrhaft den Beinamen der klassischen Bahnhöfe: »Kathedralen der Moderne«. Die Hallen, durch die zu Detroits Glanzzeit täglich Tausende von Reisenden eilten, erinnern mit ihren zahlreichen Säulen an den Parthenon in Athen oder einen der nach 2000 Jahren noch beeindruckenden Tempelbauten auf dem Forum Romanum. Doch das Michigan Central Depot ist nur gut hundert Jahre alt – es wurde 1913 eröffnet – und die Hallen sind unzugänglich. Die Ruine ist hinter der von Unkraut überwucherten Freifläche abgesperrt, um zu verhindern, dass dem Bauwerk durch Vandalismus noch mehr Schaden zugefügt wird. Seit 1988 ist das Gebäude außer Betrieb – wie so vieles in Detroit. Es ist

nicht ohne Ironie, dass Amerikas großartigste Bahnhofsruine ausgerechnet in jener Stadt steht, in welcher der vielleicht wichtigste Grund für den Niedergang der amerikanischen Eisenbahnen (jedenfalls im Passagierverkehr, der
Frachtbetrieb per Bahn ist der wesentlich vitalere Wirtschaftszweig der Branche) beheimatet ist. Detroit ist bekann-
termaßen die Hochburg der amerikanischen Autoindustrie.
Je mehr sich das Automobil als der ultimative Ausdruck persönlicher und damit typisch amerikanischer Freiheit in der
Psyche der Amerikaner festsetzte, desto weniger attraktiv
erschien vielen die überkommene Art des Reisens mit der
Bahn. Der Bau des Interstate-Netzes zur Zeit von Präsident
Eisenhower und eine auf Autofahrer zugeschnittene Infrastruktur entlang der Highways, von den klassischen Motels
bis hin zu den *Drive through*-Hamburgerrestaurants, ließ
das Reisen in der Bahn, zusammengepfercht mit Fremden,
unzeitgemäß erscheinen und nicht mehr passend zum
vielbeschworenen Individualismus. Für die mittleren und
großen Distanzen und vor allem für jene, deren Überwin-
dung 1869 so gefeiert wurde, nämlich *coast to coast*, trat ab
den 1930er Jahren zudem das Flugzeug als Konkurrent der
Bahn hervor.

Inzwischen ist das Michigan Central Depot nicht nur
zu einem Symbol des Niedergangs der Eisenbahn, sondern
auch der Stadt Detroit geworden. Die Industriemetropole mit
dem Beinamen *Motor City* hat Rückschläge und demogra-
phische Schrumpfungsprozesse durchgemacht wie keine
andere amerikanische Großstadt. In den 1950er Jahren, als
die Fords und Chevys aus Detroit die Highways beherrsch-
ten, lebten mehr als eineinhalb Millionen Menschen in Detroit, das vielen von ihnen Arbeit gab. Heute, da auf den
Interstates der Ballungsräume Daihatsus und Kias, Hondas
und Volkswagen im Schritttempo vorwärtskriechen, liegt

die Einwohnerzahl Detroits bei etwas weniger als 700 000. Überdies meldete Detroit 2013 als bis dahin größte amerikanische Stadt Bankrott an. Um Geld zur Abwicklung der fast zwanzig Milliarden Dollar Schulden zu bekommen, planten die Gläubiger den Verkauf von weiten Teilen der Sammlung des Detroit Institute of Arts, eines der bedeutendsten Kunstmuseen des amerikanischen Mittelwestens. Die Banken schätzten den Wert auf mehr als acht Milliarden Dollar, ein Van Gogh allein wurde auf 150 Millionen taxiert. Bislang konnten Stadt, Bundesstaat und Spender diesen Ausverkauf allerdings noch verhindern oder zumindest verzögern.

Eine andere bedeutende Bahnhofsruine ist ebenfalls symptomatisch für den Verfall einer Stadt, die auf industrielle Monokultur setzte. Die Union Station in Gary im Bundesstaat Indiana wurde 1910 eröffnet, als die Stadt zur Stahlmetropole der USA schlechthin aufstieg. Die aus vielen Meilen Entfernung bereits sichtbaren rauchenden Schlote wurden zum Symbol der USA als einer Industriegüter produzierenden Nation; in (West-)Deutschland schmückte ein Bild dieser qualmenden Skyline in den 1970er Jahren gar die Titelseite von Erdkundebüchern für Gymnasien. Auch diese Stadt nahe dem Lake Michigan ist nur noch ein Schatten früherer Tage. Und dass die amerikanische Kulturszene durch Garys größten Sohn, Michael Jackson (und seine Geschwister der *Jackson Five*) bereichert wurde, ist angesichts urbanen Verfalls und hoher Arbeitslosigkeit kaum ein Trost. Die im Beaux-Arts-Stil erbaute Union Station fügt sich in ein trauriges Gesamtbild. Per Bahn kann man den tristen Ort schon lange nicht mehr erreichen.

Die Situation der amerikanischen Eisenbahnen ist das vielleicht prägnanteste Beispiel der Janusköpfigkeit eines Landes, das einerseits ein Innovator in Sachen Technologie und Entwicklung sowie Hort astronomischer Privatvermögen ist, in dem aber andererseits die Infrastruktur im öffentlichen Bereich einer grundlegenden Erneuerung bedarf. Viele amerikanische Großstädte werden von ihrer Skyline geprägt, den gen Himmel wachsenden und meist Büros enthaltenden Hochhäusern. Die meist auf recht engem Raum konzentrierten *Skyscraper* geben auch jenen urbanen Zentren ein modernes und scheinbar prosperierendes Antlitz, deren soziale Wirklichkeit einige Straßen weiter deprimierend ist. Selbst Detroit verfügt über eine solch beeindruckende Skyline und die gläserne Rundfassade des Renaissance Center, in welchem sich ein Hotel und das globale Hauptquartier von General Motors befinden, verfehlt kaum, auf einen architektonischen Ästheten Eindruck zu machen. Ähnlich wirkt das urbane Herz von Baltimore, wo sich zu den Bürohochhäusern zwei prächtige Baseballstadien gesellen, in denen bei Heimspielen der Orioles Millionen umgesetzt werden – an Fernsehgeldern, Eintrittskarten und Fanartikeln. Nur ein paar Blocks weiter aber beginnt urbanes Elend, liegen heruntergekommene Viertel voller Kriminalität, Armut und Frustration. Die nach dem Tod eines schwarzen Bürgers im Gewahrsam von (übrigens ebenfalls schwarzen) Polizisten im Jahr 2015 ausgebrochenen Gewaltexzesse, Plünderungen und bürgerkriegsartigen Szenen waren rund um die Uhr im Fernsehen zu sehen.[2] Es waren Bilder, die überall in den USA schockierten und nicht zu einer Stadt passen wollten, die den Beinamen *Charm City* trägt.

Die glänzendsten Seiten der amerikanischen Infrastruktur, die steingewordenen – oder besser gesagt: glas- und marmorgewordenen – Symbole weltweiter technologischer Spitzenstellung sind nicht in Wolkenkratzern, sondern in oft nach ökologischen Prinzipien gebauten, lichtdurchfluteten Gebäuden beheimatet. Das Hauptquartier von Google in Mountain View unweit von San José (Kalifornien) ist ein

Musterbeispiel dafür, jene von Apple, Microsoft und Facebook stehen ihm in nichts nach.

Der Glanz von Silicon Valley und von neuen Technologien sind ein Highlight in der urbanen und suburbanen Landschaft Amerikas, seine oft prächtigen Kulturtempel sind ein weiteres. Großzügig angelegte und den *performing arts* gewidmete Mehrzweckanlagen wie das Lincoln Center in New York und das John F. Kennedy Center in Washington gehören weltweit zu den besten ihrer Art. Die Zahl der Museen ist Legion – sei es das MoMA und das Guggenheim Museum in New York oder das Art Institute of Chicago für Kunst, seien es die berühmten Naturkundemuseen in New York und Washington oder das weltweit einmalige National Air and Space Museum, ebenfalls in der Hauptstadt.

Doch dieser Glanz kann nicht davon ablenken, dass weite Teile des öffentlichen Amerika dringend einer umfassenden Renovierung bedürfen. Das Interstate-System ist inzwischen mehr als ein halbes Jahrhundert alt; vielfach sind die einst zweispurigen Highways mehrfach erweitert worden, aber mancherorts zeigt sich das Alter – vor allem an den Brücken. Diese veranschaulichen of eindrucksvoll den chemischen Prozess der Oxidation – anders ausgedrückt: Sie sind verrostet. Eine Bundesbehörde stuft 7700 Brücken im Land als akut einsturzgefährdet ein, als strukturell defekt gelten fast 59 000 weitere Brücken. Auf traurige Art offensichtlich wurde dieses Problem, das Leben gefährden kann und schon mehrfach forderte, in Minneapolis, als dort an einem Sommerabend des Jahres 2007 mitten in der *rush hour* die den Interstate 33 tragende Brücke über den Mississippi einstürzte. 13 Menschen kamen dabei ums Leben, mehr als 140 wurden verletzt. Derartige Gefahren lauern in den USA praktisch überall. Sie gehen auch von alten und schlecht isolierten Stromleitungen aus – die übrigens auf dem Lande meist oberirdisch verlaufen, sodass ein Sturm, Blizzard oder Gewitter durch Herunterreißen der Leitungen schnell ganze Stadtviertel oder Landstriche, in extremen Fällen auch ganze Bundesstaaten von der Stromversorgung abschneidet.

Die Liste der Einrichtungen, die erneuert oder ersetzt werden müssen, ist lang und enthält Uralt-Kraftwerke und Schleusen, Tausende von Schulen und ähnliche öffentliche Anlagen. Besonders in die Kritik gerieten Einrichtungen, die vielerorts ohne nennenswerte Erweiterung und Modernisierung eine steigende Zahl von Menschen mit ihrer Dienstleistung versorgen müssen: die Flughäfen. Einige davon meidet der erfahrene Reisende wann immer es nur irgendwie möglich ist. Ganz oben auf dieser Negativliste steht der New Yorker Flughafen La Guardia. Vizepräsident Joe Biden bezeichnete ihn einmal als Einrichtung der Dritten Welt (in der es wesentlich bessere Flughäfen gibt). Solch hochrangige Kritik kann Katalysator auf dem Weg zur Verbesserung sein: Biden tat 2016 den ersten Spatenstich der insgesamt auf vier Milliarden Dollar taxierten Erneuerung des 1939 eingeweihten Airports.

Donald Trump hat im Wahlkampf damit geworben, dass er als Bauherr seinesgleichen suche und der richtige Mann sei, um Amerikas verrottende Infrastruktur zu sanieren. Inzwischen geht man davon aus, dass diese Aufgabe mit rund einer Billion Dollar zu Buche schlagen wird. Ein Vorbild im Weißen Haus hätte Trump: Vor etwas mehr als achtzig Jahren war Franklin D. Roosevelt ab 1933 für das größte öffentliche Bauprogramm in der Geschichte der Nation verantwortlich. Im Rahmen seines *New Deal* konstruierten der 32. Präsident und seine Mitarbeiter ein gigantisches Beschäftigungsprogramm. Von einigen der dabei errichteten Bauwerken, wie Staudämmen und Flughäfen, zehrt Amerika vielerorts noch heute. Unter »FDR« – und oft sogar unter seiner persönlichen Aufsicht – schufen überwiegend bis dahin arbeitslose Amerikaner rund eine Million Straßenkilometer, bauten 78 000 Brücken, Runways auf neuen Flughäfen von insgesamt mehr als 1000 Kilometer Länge und mehr als 40 000 Schulen. Einige Bauwerke wurden zu Symbolen des modernen, zu einer Weltmacht aufgestiegenen Amerika: der Hoover-Damm (benannt nach Roosevelts glücklosem Vorgänger), der Lincoln-Tunnel, der Manhattan mit New Jersey verbindet, und die Golden Gate Bridge.

Die Herausforderung in Sachen Infrastruktur ist also gigantisch. Hier könnte der 45. Präsident in der Tat seinem Wahlkampfslogan entsprechend »Amerika wieder groß machen«.

9. Gesundheit und Bildung: *America's business is business!*

Die Kreuzfahrt durch die Weiten des Pazifischen Ozeans ging ihrem Ende entgegen, als Cathy Huber ein leichtes Unwohlsein im Oberbauch verspürte. Nach vier Wochen mit permanenten *captain's dinners* und einer endlosen Abfolge von Buffets für Frühstück und Brunch, für *Tea Time* und Nachtmahl war eine solche Indisposition vielleicht nichts Ungewöhnliches. Doch die Beschwerden wurden stärker, als sich das schwimmende Luxushotel dem Hafen von Honolulu, Hawaii, und damit dem ersten Landgang auf US-amerikanischem Boden näherte. Cathy Huber beschloss, nicht bis zur Heimkehr nach Kalifornien zu warten, sondern suchte beim Landgang ein Krankenhaus in der Hauptstadt des fünfzigsten amerikanischen Bundesstaates auf. Dort diagnostizierten die Ärzte eine Gallenblasenentzündung. Über ihren aus Bayern stammenden und sich im Vorruhestand befindlichen Ehemann, der jahrelang einen deutschen Konzern in den USA vertreten hatte, schätzte sich Mrs. Huber glücklich, eine umfassende Krankenversicherung zu haben, die mehr medizinische Leistungen abdeckte als bei geschätzten 95 Prozent ihrer amerikanischen Landsleute. Doch das administrative Personal des Krankenhauses in Honolulu zeigte sich auch von diesem üppigen Versicherungsschutz denkbar unbeeindruckt. Die sich nun allmählich unter Krämpfen windende Patientin musste ihre Kreditkarte vorlegen und eine Anzahlung von 10 000 Dollar tätigen. Zu den aktuellen

Beschwerden gesellten sich nun die symbolhaften Bauchschmerzen, die von drückenden Sorgen ausgelöst werden. Denn mit der Kreditkarte wollte Mrs. Huber eigentlich die Studiengebühren ihrer Tochter für das kommende Semester in mehreren Raten zahlen – nämlich drei Monate hintereinander jeweils die nun zu hinterlegende Summe.

10 000 Dollar als keineswegs garantierte Endsumme, sondern als Sicherheit und womöglich nur erste Rate – für diesen Betrag kann man sich (leicht verallgemeinernd und mit nur einem Hauch von Sarkasmus gesprochen) in einem normalen deutschen Krankenhaus neben der Gallenblase auch noch den Blinddarm und einen halben Lungenflügel entfernen lassen und es bleibt noch einiges übrig für ein neues Kniegelenk. Während die Semesterbeiträge an der Uni in Freiburg oder Heidelberg oder Bonn mit wenigen Hundert Euro zu Buche schlagen. Gesundheit und Bildung werden in weiten Teilen der Welt als ein Grundbedürfnis der Menschen, wenn nicht gar als ein Grundrecht betrachtet. In den USA hingegen sind sie wie so vieles andere auch ein Geschäft, in dem das Prinzip der Profitmaximierung gilt – was zumindest traditionell nicht als unanständig empfunden wird. Die Exzesse stoßen inzwischen jedoch auch immer mehr Amerikanern übel auf – bei den Beiträgen, welche die an Gewinn interessierten Versicherungsunternehmen von ihren Mitgliedern verlangen, bei den oft obszönen Rechnungen von Kliniken, Ärzten und Dentisten sowie den Preisen für Medikamente. Und bei den Studiengebühren an einer halbwegs guten Universität, weshalb inzwischen ganze Generationen von Studenten einen Schuldenberg über weite Teile ihres Erwerbslebens mitschleppen müssen. Die Worte von Präsident Calvin Coolidge, der das Land während der boomenden 1920er Jahre regierte, haben für die persönliche Gesundheit und für die Bildung nach wie vor uneinge-

schränkte Geltung: *America's business is business!* Doch die Kosten in beiden Feldern explodieren seit vielen Jahren und alle Wahlkampfversprechen, das eine oder das andere *affordable*, also erschwinglich, zu machen, scheitern in der Praxis an den existierenden Machtstrukturen und dem effektiven Lobbyismus aller von hohen Beiträgen oder Gebühren Profitierenden in den Wandelhallen des Kapitols.

Die USA sind nicht nur geopolitisch und militärisch eine Weltmacht, sondern auch als Wissenschaftsnation. Diese Führungsposition nehmen sie auch in jener Wissenschaft ein, die für die meisten Menschen die unmittelbarste ist, weil sie die ureigenste Befindlichkeit betrifft: die Medizin. Ganz ohne Zweifel bieten die USA Spitzenmedizin an und zahlreiche Kliniken haben vollkommen zu Recht Weltruf, wie etwa die Mayo-Kliniken in Rochester (Minnesota), die Cleveland Clinic in der gleichnamigen Stadt in Ohio oder das MD Anderson Cancer Center für die Betreuung von Krebspatienten in Houston (Texas). Eine weitere Spitzenklinik ist geradezu ein Monument dafür, wie sehr amerikanischer Erfindergeist und amerikanische Innovationsfreude auf medizinischem Gebiet der ganzen Menschheit zugutegekommen sind. Es ist das Massachusetts General Hospital in Boston. Abseits des modernen Klinikbetriebes weisen Schilder auf den etwas versteckt liegenden Schauplatz eines der erfreulichsten Geschehnisse der Menschheitsgeschichte hin – den *Ether Dome* genannten ehemaligen Hör- und Operationssaal. Seit Beginn der Aufklärung war es üblich, dass in solchen in Form von Amphitheatern angelegten Hörsälen Operationen vor Ärzten und Medizinstudenten durchgeführt wurden, als eine Art praxisnaher Fort- und Ausbildung. In dem Bostoner Operationssaal ließ am 16. Oktober 1846 der Zahnarzt William Thomas Green Morton den verständlicherweise ängstlichen Patienten ein paar tiefe Atemzüge aus einem mit einer

Flüssigkeit (es war Schwefeläther) gefüllten Gefäß nehmen, bevor der berühmte Chirurg Dr. John Collins Warren sein Skalpell ansetzte. Was dann geschah, unterschied die an sich harmlose Operation (dem Patienten musste ein gutartiger Tumor am Hals entfernt werden) von allen anderen invasiven Eingriffen der Jahrhunderte zuvor. Es geschah nämlich nichts. Die zu jedem Eingriff gehörenden Schmerzensschreie blieben aus. In diesem Saal erlebte die Narkose ihre Welt-Uraufführung – es war vielleicht die segensreichste aller amerikanischen Erfindungen.

Die Spitzenkliniken können aber nicht den Blick darauf verstellen, dass die medizinische Versorgung in den USA wie auch in anderen Ländern von heterogener Qualität ist. In Provinzorten gibt es Kliniken, die wesentlich bessere Zeiten gesehen haben – sie fügen sich in das an anderer Stelle angesprochene Problem einer in vielen Landesteilen dringend überholungsbedürftigen Infrastruktur ein. Und den marmorglänzenden Instituten von plastischen Chirurgen und Oralchirurgen[1] steht die weitaus größere Zahl an Arztpraxen gegenüber, die wenig einladend sind und von jenen frequentiert werden, die sich nichts Besseres leisten können. Denn die Bezahlbarkeit ist das Grundproblem. Viele Amerikaner nehmen für medizinische Leistungen, die in Europa von Ärzten durchgeführt werden, die Sonderangebote von Drogerieketten wie CVS oder von Supermärkten an, wo eine Krankenschwester gegen Grippe impft oder Basisuntersuchungen durchführt.

Vier von fünf Amerikanern sind Mitglieder von privaten Versicherungen; wer einen festen Arbeitsplatz hat, bekommt über den Arbeitgeber eine Versicherung oder dieser übernimmt zumindest einen Teil des Beitrages. Kleinere Unternehmen allerdings versuchen dem zu entgehen – mit steigender Tendenz. Die Erhöhungen der Krankenversicherungsbeiträge liegen zum Teil um ein Mehrfaches über den Lohnsteigerungen. Familienversicherungen sind im ersten Jahrzehnt des 21. Jahrhunderts um rund 78 Prozent teurer geworden. In keinem Land der Welt wird so viel für Gesundheit ausgegeben; diese Ausgaben betragen pro Kopf etwa das Doppelte dessen, was in Deutschland auf dem Gesundheitsmarkt umgesetzt wird. Die USA wenden nach einer Studie der OECD 17,2 Prozent des Bruttoinlandsproduktes für das Gesundheitssystem auf; auf Platz zwei dieser Tabelle folgen die Niederlande mit zwölf Prozent. In den drei deutschsprachigen Ländern beträgt der Anteil etwa 11,5 Prozent.[2] Für Senioren gibt es das staatliche Versicherungssystem Medicare, für sozial Schwache das System Medicaid. Wer sich selbst um seine Versicherung kümmern muss, steht vor einem wahren Dschungel von Anbietern und Versicherungsmöglichkeiten, bei denen *co-payment* und *deductible* entscheidende Größen sind – wählt man einen günstigeren Tarif mit niedrigen monatlichen Beiträgen und trägt man die ersten 1000 oder 5000 oder 10 000 Dollar an möglicherweise anfallenden Kosten selbst? Oder zahlt man mehr, auf dass der Versicherungsschutz schon nach den ersten 500 Dollar Ausgaben greift? Ein wichtiger Faktor sind die Ausgaben für Medikamente. Diese sind in den USA deutlich teurer als in Deutschland, was von den Herstellern auch damit begründet wird, dass die allermeisten Pharmaka in den USA entwickelt werden und diese Kosten an den Verbraucher weitergegeben werden müssen. Die Pharmafirmen setzen die Preise jedoch mehr oder weniger nach eigenem Gutdünken fest, eine staatliche Regulierung wie in europäischen Ländern würde als Eingriff in die uramerikanische Freiheit des »Marktes« angesehen. Nördlich der großen Seen ist dies anders, sodass für Bewohner der an Kanada grenzenden Staaten ein Ausflug zum Einkauf von günstigen Medikamenten einen gewissen

Reiz ausübt. Manchmal haben die Preise für ein Medikament auch erkennbar wenig bis gar nichts mit den Kosten für dessen Entwicklung zu tun – vor allem wenn es schon viele Jahre auf dem Markt ist –, sondern spiegeln letztlich nur die Gier des Investors wider, der einen Hersteller übernommen hat. Schlagzeilen machte der Chef von Turing Pharmaceuticals, Martin Shkreli, der selbst für amerikanische Verhältnisse kräftig über die Stränge schlug, als er den Preis eines Medikamentes gegen die parasitäre Erkrankung Toxoplasmose (Daraprim) um 5500 Prozent erhöhte und diesen Schritt mit entwaffnender Ehrlichkeit so begründete: »Weil ich es kann.«

Die für ein reiches Land (wenn auch mit höchst ungleich verteiltem Wohlstand) wahrscheinlich unverständlichste Facette eines überteuerten Gesundheitswesens war die Tatsache, dass bis zum Antritt der Regierung Obama rund 45 Millionen Amerikanerinnen und Amerikaner überhaupt keine Krankenversicherung hatten. Diese Zahl wurde durch das Kernstück der Administration des 44. Präsidenten, den *Affordable Care Act* (ACA) – auch *Obamacare* genannt – deutlich reduziert, wiewohl bei weitem nicht auf null gebracht. Die Republikaner liefen ebenso wie weite Teile der Gesundheitsindustrie Sturm gegen diesen Akt staatlicher Fürsorge.

Die Zukunft dieses Vermächtnisses Obamas steht nun auf der Kippe. Noch kurz vor der Wahl hatte Donald Trump bei einer Wahlkampfveranstaltung erklärt: »Wenn wir *Obamacare* nicht abschaffen, werden wir das amerikanische Gesundheitssystem für immer zerstören. Es ist der wichtigste Grund, warum wir am 8. November gewinnen müssen.« Nachdem Letzteres eingetreten war, änderte sich zumindest bei Trump die Tonlage. Zwei Aspekte würden ihm recht gut gefallen, nämlich, dass sich junge Erwachsene über ihre Eltern versichern lassen können und dass *pre-existing condi-*

tions, also bereits bestehende Erkrankungen, einer Versicherung nicht mehr im Wege stehen dürften. Vor allem diese Klausel ist es, welche die Versicherungskonzerne aus dem Weg räumen wollen und wo die Trump-Administration Widerstand erwarten kann, würde sie dieses Erbe von Obama übernehmen. Gleichwohl haben die Versicherer auch unter dem ACA Mittel und Wege gefunden, ihre Shareholder zu erfreuen: Die Versicherungsprämien sind landesweit allein im Jahr 2016 um durchschnittlich 22 Prozent angestiegen. Ohne die Regel zur den *pre-existing conditions* würden die Profitmöglichkeiten noch weiter steigen – bis zum ACA konnte man nämlich kranke Menschen einfach ausschließen und sich auf die Versicherung vieler junger, gesunder Amerikaner beschränken.

Ein nicht regulierter Markt besteht auch in der höheren Bildung. Analog zu den Kosten des Gesundheitswesens haben sich die für ein Studium zu zahlenden Summen in den letzten Jahrzehnten je nach Standort oft mehr als verdreifacht. Ein Studium in den USA ist für viele lern- und forschungswillige junge Menschen auf der Welt ein Traum und in der Tat haben die Vereinigten Staaten nicht nur Spitzenuniversitäten von Weltruhm wie Harvard, Yale und Princeton, sondern sehr viele gute öffentliche wie private Colleges, auf deren Campus zu leben ein prägendes Erlebnis ist. Ob eine große Universität wie die des Staates Kalifornien mit ihren zehn Standorten oder jene von Virginia, die von Thomas Jefferson gegründet wurde, ob ein eher kleines und intimes College wie Amherst in Massachusetts oder Gettysburg in Pennsylvania – das akademische, kulturelle und meist auch athletische Angebot ist beeindruckend wie auch die auf einem solchen Campus herrschende Weltoffenheit, der Austausch mit Kommilitonen, Professoren und Wissenschaftlern aus aller Welt.

Dieses Erlebnis hat aber seinen Preis. Die Rechnung, die sich aus Studiengebühren *(tuition)*, der im ersten Jahr meist obligatorischen Unterkunft samt Verpflegung auf dem Campus *(room and board)*, der Krankenversicherung und allerlei anderen Gebühren zusammensetzt, beläuft sich für viele Universitäten auf 50 000 Dollar oder mehr. Dabei gibt es nur insoweit einen Unterschied zwischen privaten und staatlichen Universitäten, als bei den von Bundesstaaten betriebenen Colleges wie beispielsweise der University of Maryland, der Arizona State University oder der University of Vermont die seit Längerem dort wohnhaften »Landeskinder« einen Rabatt bekommen – sie brauchen meist »nur« rund 10 000 Dollar im Jahr zu zahlen, manchmal gar noch etwas weniger. Eine Reihe von Stipendien können besonders Bedürftigen, besonders Begabten und vor allem Spitzensportlern helfen. *College sports* ist wiederum Bestandteil der gigantischen Sportunterhaltungsindustrie in den USA und exzellente Football- oder Basketballspieler werden großzügig unterstützt, selbst wenn ihre akademischen Leistungen wenig zum selbst gesetzten Anspruch der jeweiligen Universität passen wollen. Für alle anderen bleiben meist nur Studienkredite, die nach erfolgreichem Examen abzuzahlen sind. Diese hohen Kosten zu reduzieren, versprechen Politiker in jedem Wahlkampf – bislang haben sich die Universitäten gegen eine solche Regulierung des »Marktes« allerdings ebenso erfolgreich zur Wehr gesetzt wie die Versicherungsunternehmen, die Pharmaindustrie und die Ärzte.

Neben den Studiengebühren müssen die auf einen Studienplatz hoffenden jungen Leute noch etwas anderes vorlegen: gute schulische Leistungen, wie sie sich in nationalen Zulassungstests wie dem *Scholastic Assessment Test* (SAT) manifestieren. Ob ein angehender High-School-Absolvent diesen mit einem guten Ergebnis ablegt, liegt indes nicht an dem Prüfling allein. Es wird auch ganz entscheidend davon mitbestimmt, wo dessen Schule liegt – und nicht nur die High School, sondern auch die beiden Etappen zuvor, die Elementary School und die Middle School. Denn das öffentliche Schulsystem der USA ist qualitativ sehr heterogen, mit guten Schulen in eher wohlhabenden Wohngegenden und weniger guten bis teilweise regelrecht schlechten Schulen in Problemvierteln. Wer folglich in einer heruntergekommenen *neighborhood* von Southeast Washington seine Kindheit verbringt, hat eine schlechte Startposition. Zwanzig Kilometer Luftlinie entfernt, in den *suburbs* von Virginia und Maryland, verfügen die High Schools dagegen oft über eine hervorragende Ausstattung und hochmotivierte Lehrer. Der Schulbezirk wiederum bestimmt auch, was eine Familie an Miete oder, so man sich den uramerikanischen Traum vom eigenen Haus erfüllt hat, an Hypothek zahlen muss. Gute Schulbezirke bedingen hohe Immobilienpreise (und die Zugehörigkeit zu einem solchen wird von den Maklern als Pluspunkt gebührend herausgestellt), wer in einen weniger gut beleumundeten Bezirk zieht, wohnt deutlich preisgünstiger. Die besonders Betuchten haben freilich neben den öffentlichen Schulen die Option der meist exzellenten Privatschulen. Das Schulgeld von beispielsweise 25 000 Dollar oder mehr pro Jahr stimmt dann schon ein wenig auf die Rechnungen ein, die nach erfolgreichem Abschluss und der Aufnahme des Studiums an der Duke University oder in Yale, am Wellesley College oder in Princeton ins Haus flattern.

10. Ein Weg eklatanter Widersprüche: Der *American Way of Life*

Zwei Männer suchen Amerika – doch sie können es nirgendwo finden. Mit dieser griffigen Formel betrieben deutsche Kinos um 1970 Werbung für einen Film, der begeisterte oder irritierte oder beides zugleich – also exakt jene Wirkung hatte, welche die USA bis auf den heutigen Tag auf Beobachter und Besucher, auf Einheimische und Fremde, auf Freunde wie auf Kritiker ausübt. Es war *Easy Rider*. Das schnell zum Kult gewordene Road Movie entstand 1969, auf dem Höhepunkt von *Flower Power* und Jugendprotesten, in einer Ära psychedelischer Drogen und der epochalen Musik von Jimi Hendrix und Janis Joplin. Innerhalb der letzten 24 Monate der an Krisen und Erschütterungen so reichen 1960er Jahre zeigte Amerika der Welt sein bestes und gleichzeitig sein hässlichstes Gesicht. In einer nationalen Kraftanstrengung, welche die brillantesten Köpfe und die Spitzentechnologie der Nation vereinte, erfüllten die USA das Vermächtnis Präsident Kennedys und brachten im Juli 1969 die ersten Menschen auf den Mond (wenige Monate später folgten mit Apollo 12 zwei weitere Astronauten, bevor gemäß Kennedys Worten »das Jahrzehnt vorbei war«). Gleichzeitig erschütterte eine Welle der Gewalt, politischer wie kriminell-sadistischer Natur, das Land und das Bild der Welt von Amerika: Martin Luther King und Robert Kennedy wurden ermordet, in den Bergen außerhalb von Hollywood verübte die »Familie« des satanischen Sektenführers Charles Manson ihre grausigen Verbrechen, unter anderem an der Schauspielerin Sharon Tate und ihrem ungeborenen Baby.

In *Easy Rider* fahren zwei Männer mit Namen, die an die Pionierzeit erinnern, durch die scheinbar unendliche Weite Amerikas, steuern ihre Harley-Davidsons auf Highways und Landstraßen einem fernen Horizont entgegen: Wyatt (in Anlehnung an Marshal Wyatt Earp) und Billy (ein Hinweis auf den Revolverhelden Billy the Kid), unvergesslich dargestellt von Peter Fonda, dem Produzenten des Films, und Dennis Hopper, dem Regisseur. Die beiden auf ihren Maschinen zu begleiten, dabei Steppenwolfs Hit *Born to be Wild* in sich aufzunehmen – für viele vornehmlich jüngere Menschen in den USA und in Europa, in Asien und überall, wo der Streifen in die Kinos kam, bedeutete das, Zeuge einer scheinbar unendlichen Freiheit zu werden. Das Motorrad mit dem auf den Tank lackierten Sternenbanner trägt den Zuschauer durch eine Landschaft ohne Grenzen – ähnlich wie hundert Jahre zuvor die Pioniere im amerikanischen Südwesten auf dem Rücken ihrer Pferde, wie die Auswanderer in ihren Conestoga-Wagen und wie noch einmal zwei, drei Jahrhunderte zuvor die Entdecker, die zu Fuß oder im Kanu durch eine Wildnis zogen, deren Weite und Schönheit jede der Enge Europas entkommene Seele zutiefst beeindrucken musste. Die grenzenlose Freiheit einer neuen Welt – sie war für Jahrhunderte ein Leuchtturm, der Menschen in der Hoffnung auf eine bessere Zukunft, auf eine zweite Chance anzog, vor allem dann, wenn es in der Heimat repressiv (wie nach 1848) oder gar unerträglich (wie ab 1933) war.

Doch grenzenlose Freiheit ist eine Schimäre. Auch Wyatt und Billy müssen dies erkennen. Ihr Hippie-Äußeres lässt sie keine Unterkunft in einem Motel finden, von wenig liberal gestimmten Polizisten werden sie verhaftet. In der traurigen Schlusssequenz, die im tiefen Süden mit seiner langen Geschichte von Hass und Intoleranz spielt, werden sie von zwei einheimischen *Rednecks* kurzerhand erschossen – die langen Haare der beiden gefallen den Reaktionären im Pickup-Truck nicht. Dass diese Vertreter eines reaktionären Amerika, die aus Spaß Leute mit einem anderen Lebensstil abknallen, für die Tat zur Verantwortung gezogen werden könnten, erscheint dem unter Schock und Desillusion das Kino verlassenden Zuschauer wenig wahrscheinlich.

Ein hohes Freiheitsideal auf der einen Seite, auf der anderen Seite Einengungen durch Konventionen, die Allgegenwart von Vorurteilen und schließlich Gewaltbereitschaft und enthemmte Aggression – die USA sind ein Land eklatanter Widersprüche.

»Freiheit« ist der zentrale Begriff des amerikanischen Selbstverständnisses. Man sieht sich als *Land of Liberty*, benennt Plätze, Wolkenkratzer und Highways nach ihr. Die erste zaghafte Exkursion der USA ins Weltall, der nur gut 15 Minuten während Flug des Alan Shephard am 5. Mai 1961, geschah in einer Mercury-Kapsel, die man auf den Namen *Freedom 7* getauft hatte. Es sollte eine auch sprachlich-symbolische Antwort auf die wenige Wochen zuvor erfolgte erste Erdumrundung eines Menschen sein, jene durch Juri Gagarin. Der rote Stern auf des sowjetischen Majors Sputnik-Kapsel war nach damaliger Lesart ein Symbol für das Gegenbild amerikanischer und westlicher Freiheit, welches eine Reaktion auch außerhalb der Erdatmosphäre erforderte. Mehr als zwanzig Orte und Städte in den USA tragen den so schlichten wie stolzen Namen Liberty – darunter auch jene Gemeinde in Missouri, die dadurch bekannt wurde, dass sich Jesse James hier die geradezu exzessive Freiheit nahm, seine erste Bank zu überfallen.

Freiheit ist dem Menschen vom Schöpfer mitgegeben, so hat es Thomas Jefferson in der Unabhängigkeitserklärung formuliert. Den viele Jahre später geborenen Betrachter mag verstören, dass es ein Sklavenhalter war, der diesen Freiheitsbegriff zum Credo der Nation machte. Und es mag als widersinnig anmuten, dass die Unabhängigkeitserklärung von zahlreichen anderen Sklavenhaltern unterzeichnet wurde und dass insgesamt zehn der ersten zwölf Präsidenten Sklavenhalter waren. Doch für die besitzende Klasse, aus welcher sich der damalige Kongress zusammensetzte – worin er sich kaum vom heutigen unterscheidet; die *congressmen, congresswomen* und *senators* sind mehrheitlich wohlhabend bis steinreich –, war *property*, der Besitz, eine beinahe unverzichtbare Grundlage von Freiheit. Diese Sichtweise mag dem Betrachter eines späteren Jahrhunderts undemokratisch, vielleicht gar zynisch erscheinen, doch unrealistisch ist sie nicht. Denn wie ist es um die individuelle Freiheit einer modernen Amerikanerin bestellt, die zwei oder gar drei schlecht bezahlte Jobs ausüben muss, um als alleinerziehende Mutter ihre Kinder durchzubringen, vielleicht gar in einer innerstädtischen Gegend, wo man um deren Leben fürchten muss, sobald sie vor die Haustür treten? Wie viel persönliche Freiheit genießen die mehr als eine halbe Million Obdachloser[1] in den USA, unter ihnen nicht wenige Veteranen, die ihrem Land in Uniform gedient haben?

Freiheit war für die Gründerväter zwar etwas von Gott Gegebenes, ist aber nach amerikanischem Selbstverständnis auch ein Gut, das immer wieder erkämpft werden muss. Um die nationale Freiheit ging es im Amerikanischen Unabhängigkeitskrieg von 1775 bis 1783. Und im schwersten Konflikt in der Geschichte der Nation, dem Bürgerkrieg von 1861 bis 1865, konkurrierten zwei denkbar unterschiedliche Freiheitskonzepte miteinander. Für den Norden ging es – so wurde es nach Lincolns Emanzipationsproklamation zumindest verkündet – um die Freiheit der versklavten Menschen schwarzer Hautfarbe im Süden und in der Endphase schließlich auch um die jener in den sklavenhaltenden, aber bei der Union verbliebenen Staaten. Für den Süden und dessen tonangebende Schicht – sklavenhaltende Großgrundbesitzer – ging es um die Freiheit, aus dem Staatenbund USA auszusteigen und einen eigenen Verband, die Konföderierten Staaten von Amerika, zu gründen. Fast alle Konflikte danach standen ebenfalls unter der Prämisse, dass die eigene Freiheit verteidigt oder die Freiheit anderer erstritten werden musste: im Krieg von 1898 gegen Spanien jene der unterdrückten Kubaner und Filipinos, in zwei Weltkriegen und dem Kalten Krieg die Freiheit der Europäer, beim Feldzug gegen Saddam Hussein 1991 die Freiheit Kuwaits und zwölf Jahre später nach den Verkündigungen von George W. Bush die Freiheit der Iraker. Stets werden die Streitkräfte als Bastion der amerikanischen Freiheit und jener der Verbündeten betrachtet, der Slogan *Freedom is not for free* soll an Feiertagen wie dem Memorial Day und dem Veterans Day die Verbundenheit mit und Dankbarkeit gegenüber den Männern und Frauen in Uniform bekunden. Die Würdigung übrigens, die Amerikas Soldatinnen und Soldaten von Menschen aller Bevölkerungsschichten, unabhängig von der politischen Orientierung, erfahren, ist Ausdruck eines Patriotismus, der manche Europäer (vor allem solche aus Ländern mit betont pazifistischer Gemütslage wie Deutschland) überrascht, für Amerikaner indes eine Selbstverständlichkeit ist.

Natürlich wird Freiheit auch in Europa wertgeschätzt. Doch dies geschieht nicht mit der Bedingungslosigkeit und jenem Exklusivitätsstatus, den Amerikaner *liberty* oder *freedom* beimessen. Für Deutsche beispielsweise ist Sicherheit, vor allem soziale Sicherheit, ein de facto gleich wichtiges Konzept – manchen ist es sogar wichtiger. Es ist eine Sicherheit, die nicht vom Individuum ausgeht, sondern von oben kommt. Der Staat steht für diese Sicherheit in der Verantwortung, sei es gegenüber »äußeren Faktoren« wie Kriminalität oder gar kriegerische Auseinandersetzungen, sei es gegenüber Aspekten der persönlichen Sicherheit wie Arbeitslosigkeit, Krankheit oder Invalidität. Viele Amerikaner können mit diesem Konzept, wonach alles Gute von der Regierung verteilt wird, herzlich wenig anfangen, sehen Bemühungen von *Big Government*, sich in die privaten Verhältnisse einzumischen, geradezu als Bedrohung ihrer individuellen Freiheit an. So gibt es in Amerika etwa nichts, was einem deutschen Einwohnermeldeamt vergleichbar wäre – der Gedanke, sich bei einer staatlichen Behörde anmelden zu müssen, wenn man an einen neuen Wohnsitz zieht, würde vielen Amerikanern als eine Manifestation exzessiver Staatsmacht erscheinen. Den Nachweis der eigenen Adresse vollzieht man stattdessen mit dem Führerschein, der einer Identitätskarte am nächsten kommt und nicht von einer zentralen Behörde, sondern vom jeweiligen Bundesstaat ausgegeben wird – der näher liegenden Autorität, zum Beispiel den Behörden von Vermont oder Tennessee, traut man noch eher als jenen im fernen Washington. Den Nachweis gegenüber dem Führerscheinaussteller, dass man tatsächlich an der angegebenen Adresse wohnhaft ist, kann man unter anderem dadurch erbringen, dass man der Straßenverkehrsbehörde seine Strom- und Telefonrechnung vorlegt, auf denen die Adresse vermerkt ist. Gedankenspiele, eine *national ID card* einzuführen wie sie der deutsche Personalausweis darstellt, sind bislang stets mit dem Hinweis abgeschmettert worden, so etwas gebe es nur in Polizeistaaten. Bei der Einführung einer solchen Karte müsse man immer gewärtig sein, von Gestapo-ähnlichen Typen in schwarzen Ledermänteln auf der Straße angesprochen und in schneidendem

Ton nach diesem Ausweis gefragt zu werden. Die Aversion gegen zu viel staatliche Identitätskontrolle zeigt sich vielerorts auch beim Gang an die Wahlurne (die in den USA häufig ein Wahlcomputer ist). So wird in vielen Wahllokalen nicht einmal nach dem Führerschein gefragt – nach Nennung des Namens die im Wählerverzeichnis angegebene Adresse und/oder Telefonnummer aufsagen zu können, kann ausreichend sein, um den nächsten Präsidenten oder den örtlichen Sheriff wählen zu dürfen. Beim Wahlakt sind es übrigens die sonst besonders die Freiheit des Individuums verbal verteidigenden Republikaner, die in verschiedenen Bundesstaaten heftig umstrittene Gesetze zur Wählerkontrolle erlassen haben, gemäß denen man eine fotografische Identifikation vorzulegen hat. Dies ist natürlich der Führerschein. Doch bestimmte Wählerschichten besitzen einen solchen gar nicht, nämlich vornehmlich arme und alte Personen, vor allem aus der afroamerikanischen Bevölkerung. Wen diese Menschen mehrheitlich wählen? Die Demokraten! Ein Schelm, der dabei Böses denkt.

In einer Zeit, da die Freiheit massiv durch Faschismus, Nationalsozialismus und Kommunismus bedroht war, verkündete Präsident Roosevelt im Januar 1941 die »Vier Freiheiten«: die freie Rede, die Freiheit der Religion, die Freiheit von Furcht und die Freiheit von Not. Beinahe ist man geneigt zu sagen, dass lediglich die zweite dieser Freiheiten in den USA sich einer vollkommenen Blüte erfreut. Wie es um die Redefreiheit – und die Freiheit, bestimmte Informationen öffentlich zu machen, wie zum Beispiel die Ethnizität von Tatverdächtigen – in den westlichen Gesellschaften im Zeitalter politischer Korrektheit bestellt ist, ist eine Frage, die je nach politischem Standort beantwortet werden wird. Von dem Idealzustand einer Freiheit oder, besser gesagt, des Fehlens von Not sind die USA weit entfernt, weiter als fortgeschrittene europäische Gesellschaften wie zum Beispiel jene der skandinavischen Länder. Im Jahr 2015 lebten mehr als 43 Millionen Amerikaner oder 13,5 Prozent der Bevölkerung unterhalb der Armutsgrenze. Damit war der Armutsanteil sogar noch ein Prozent höher als im Jahr 2007, dem Jahr vor der letzten großen Rezession. Besonders aufrüttelnd ist die hohe Zahl von in Armut heranwachsenden Kindern: Jedes fünfte Kind lebt in Armut, rund eineinhalb Millionen Kinder sind ganz oder zeitweise obdachlos gewesen.[2] Zumindest bei der Ernährung dieser Kinder greift der Staat ein: Das National School Lunch Program hat 2016 an rund dreißig Millionen Kinder aus armen oder einkommensschwachen Verhältnissen kostenloses oder stark kostenreduziertes Mittagessen ausgegeben.[3] Auch von Furcht ist das Land nicht frei. Die Terrorattacken vom 11. September 2001 haben die nationale Befindlichkeit bis ins Mark erschüttert. Einschränkungen im Namen der Sicherheit hinzunehmen ist selbstverständlich geworden. Aber es sind nicht allein Terroristen, die Furcht verbreiten. Der Hinweis *active shooter* über Twitter, CNN oder andere Medien scheint stets das nächste Drama in Zusammenhang mit den allgegenwärtigen Schusswaffen, den nächsten Amoklauf eines Irrsinnigen anzukündigen. Der Anblick eines Bewaffneten oder einer vermeintlich mit einer Pistole oder einem halbautomatischen Sturmgewehr ausgestatteten Person führt zum sofortigen *shut-down* von Colleges, Schulen, Kindergärten und anderen Einrichtungen. Vierjährige, die gerade zu *Ring a Ring o' Roses* in der *pre-school* Ringelreihen gespielt haben, können im nächsten Moment nach Eintreffen einer Warnmeldung oder eines Warnsignals auf dem Boden in Deckung liegen, während die Lehrerin die Klassenzimmertür mit einem Tisch zu verbarrikadieren versucht. *Freedom from fear* bleibt unter solchen Umständen eine Illusion.

Auf die persönliche Art zu seinem Herrn oder welcher Gottheit auch immer beten zu können oder mit der gleichen Selbstverständlichkeit überhaupt nicht zu beten, ist indes ein in Erfüllung gegangenes Grundrecht. Für viele Amerikaner spielt Religion eine dominierende Rolle in ihrem Dasein; auf Menschen zu treffen, die sich bei der Vorstellung bereits mit Worten wie *I as a Christian* oder *I'm Jewish* definieren, ist nichts Ungewöhnliches. In Nordamerika existieren unterschiedliche Glaubensrichtungen seit der Kolonialzeit. Während die katholische Kirche wie auch anderenorts ein recht monolithischer Block ist, verteilen die nicht-katholischen Christen sich in eine Vielzahl von Kirchen wie Lutheraner, Baptisten, Methodisten und die Episkopalkirche. Rund siebzig Prozent der Amerikaner bezeichnen sich als Christen mit allerdings sehr unterschiedlicher Glaubensintensität, von den evangelikalen Christen bis hin zu jenen, die kaum jemals eine Kirche von innen sehen. Gut ein Fünftel der Amerikaner ist nach einer Erhebung aus dem Jahr 2014 mit keiner Religionsgemeinschaft assoziiert oder regelrecht atheistisch. Jüdische Gemeinden gibt es ebenfalls seit der Kolonialzeit; sie wuchsen vor allem mit der starken Einwanderung aus Mittel- und Osteuropa im späten 19. und in der ersten Hälfte des 20. Jahrhunderts. Auch wenn Demoskopen einen Rückgang der Religiosität verzeichnen, ist der Anteil der Menschen, die angeben, dass Religion in ihrem Leben eine große Rolle spielt, mit sechzig Prozent deutlich höher als in anderen Industrienationen und fast dreimal so hoch wie in Deutschland.

Die Freiheit der Religionsausübung bedeutete über weite Strecken der amerikanischen Entwicklung jedoch keineswegs, dass alle Glaubensrichtungen im öffentlichen Leben gleich wohlgelitten waren. Bedenkt man, dass die katholische Kirche mit einem rund zwanzigprozentigen Anteil an der Bevölkerung die größte einzelne Religionsgemeinschaft ist, erscheint es auffallend, dass lediglich einer der bislang 44 US-Präsidenten katholisch war. Es war John F. Kennedy, der im Wahlkampf 1960 wiederholt Stellung zu seiner Religion nehmen musste, da einige radikale Protestanten in ihm einen Agenten Roms sahen, der die USA dem Papismus ausliefern würde. Kennedy machte deutlich, dass er bei Gewissenskonflikten zwischen den Erfordernissen seines Amtes und seinem Glauben zurücktreten werde. Vergleichsweise weniger kontrovers war 2012 die Religionszugehörigkeit des republikanischen Präsidentschaftskandidaten Mitt Romney. Er ist Mormone.

Die Mormonen sind eine uramerikanische Glaubensrichtung. Sie wurde von einem Mann namens Joseph Smith – dem Propheten der Mormonen – im Jahr 1830 gegründet. Smith war angeblich einige Jahre zuvor ein Engel erschienen und hatte ihn auf ein altes Buch, das auf goldenen Platten geschrieben sei, aufmerksam gemacht. Smith veröffentlichte (nach seiner Schilderung) dieses Werk, das als *Book of Mormon* zusammen mit der Bibel die Glaubensgrundlage der Mormonen darstellt. Wie so oft in Amerikas Vergangenheit und Gegenwart war auch die Entwicklung dieser Religion nicht gewaltfrei. Smith wurde 1844 von einem tobenden Mob ermordet und so zum Märtyrer für seine Glaubensbrüder und -schwestern. Die Mormonen zogen unter der Führung von Brigham Young 1847 in ihr Gelobtes Land, das Territorium des späteren Bundesstaates Utah, der bis heute mehrheitlich von Mormonen bewohnt und regiert wird. Dort kam es – eine Ausnahme in der Besiedlung des Westens – weniger zu Konflikten mit den Ureinwohnern als vielmehr zu Scharmützeln zwischen Mormonen und der amerikanischen Armee. Ein trauriger Höhepunkt jener unruhigen Zeiten war ein von Angehörigen einer Mormonenmiliz verübtes Massaker an nicht-mormonischen Siedlern bei Mountain Meadows im September 1857 mit rund 120 Toten – eine Tat, die von der modernen *Church of Jesus Christ of Latter Day Saints* (so die offizielle Bezeichnung) verurteilt wurde.

Evangelikale und »wiedergeborene« Christen stellen einen hohen Prozentsatz der gläubigen Christen in den USA und sind politisch besonders aktiv. Sie sind vehement gegen Abtreibung und Stammwähler der Republikaner; im Wahlkampf 2016 standen sie zuverlässig zu Donald Trump, auch wenn dessen Biographie mit zwei Scheidungen sicher nicht der Idealvorstellung dieser Wähler entspricht. Die Aversion gegen Clinton und gegen von vielen Demokraten vertretene Werte ließ indes jedwede Bedenken in den Hintergrund treten. Eine weitere Strömung in diesem evangelikalen Umfeld ist der mit rationalen Maßstäben kaum nachzuvollziehende Kreationismus, für den Darwins Lehre von der Evolution der Arten und die wissenschaftlichen Erkenntnisse von der Entstehung und Entwicklung des Lebens auf der Erde Teufelszeug ist. Für diese Extremisten lebten Adam und Eva einträchtig mit Dinosauriern im Paradies, und der ganz harte Kern dieser Fanatiker vertritt nach wie vor die Vorstellung von der Erde als Scheibe.

Eine Grundlage des amerikanischen Selbstverständnisses sind die legendären und angeblich unbegrenzten Möglichkeiten. Unverwechselbar am *American Way of Life*, so das über Generationen gepflegte Selbstbildnis, ist die Chance jedes Menschen, das Bestmögliche aus sich herauszuholen, sein Schicksal selbst zu bestimmen und im günstigsten Fall die Quintessenz des persönlichen Erfolges in einer vom Kapitalismus geprägten Gesellschaft zu genießen: Wohlstand, um nicht zu sagen Reichtum. Die Beispiele für die klassische Geschichte des Tellerwäschers, der es zum Millionär gebracht hat, sind zwar bei weitem nicht so zahlreich wie die Viten jener, die bereits reich waren und diesen Reichtum noch kräftig vermehrt haben (wie etwa Donald Trump, der als Sohn eines Immobilienmoguls auf die Welt gekommene 45. Präsident), sie werden jedoch besonders gefeiert. Im *Gilded Age*, jenem Zeitalter nach dem Bürgerkrieg, als sich die USA zu einer Industrie- und Wirtschaftsmacht sondergleichen entwickelten, wurden Industriekapitäne wie John D. Rockefeller und Andrew Carnegie zu weithin verehrten Idolen. Rockefeller beispielsweise, der schon als kleiner Junge sein Gespür für das »Geldmachen« bewiesen hatte, indem er Süßigkeiten im Großhandel gekauft, in kleinen, handlichen Portionen an Nachbarkinder weiterverkauft und sich dadurch einer beträchtlichen Gewinnspanne erfreut hatte, stieg zum Magnaten in einer Industrie auf, die Amerika prägte und auch nach wie vor prägt, bis hin zur Außenpolitik. John D. erkannte das Potential einer fast zufälligen Entdeckung: Im August 1858 setzte ein unternehmungslustiger Mann namens Edwin Drake ein Bohrgerät, wie es zur Erschließung von Salzschächten gebräuchlich war, auf dem felsübersäten Boden unweit der kleinen Ortschaft Titusville in Pennsylvania an. Nach einer dieser Bohrungen brach sich eine dicke, übelriechende Flüssigkeit einen Weg nach oben, erst sanft blubbernd, an anderen Explorationsstellen dann wie eine Fontäne in den Himmel schießend. Sie hatte Jahrmillionen in tieferen Schichten auf diese Befreiung gewartet und wurde fortan zum Motor der Industrialisierung der USA. Es war die Geburtsstunde der amerikanischen Erdölindustrie und auch der Abhängigkeit des Landes von diesem Rohstoff.

Vor allem der »Öl-Schock« in den 1970er Jahren, als an vielen Tankstellen das Benzin ausging und die Mobilität der mehrheitlich zur Fortbewegung auf das eigene Auto angewiesenen Amerikaner drastisch eingeschränkt wurde, empfanden viele US-Bürger als einschneidendes nationales Trauma. Die »freundschaftlichen« Beziehungen zu ölproduzierenden Ländern des Nahen Ostens, von denen einige einen problematischen Umgang mit Menschenrechten pflegen, sind eine Frucht dieser Abhängigkeit vom Öl. John D. Rockefeller, der am 10. Januar 1870 seine Standard Oil Company gründete, der erste Öl-Multi, wurde so zum Ahnherrn der Lenker dieser Industrie, deren politischer Einfluss immens ist und im Kabinett und dem Beratergremium vor allem der Präsidenten George W. Bush und Donald Trump deutlich zutage tritt.

Ein mächtiges Unternehmen zu gründen und damit Millionär oder Milliardär zu werden, garantiert Bewunderung und einen festen Platz auf den Gesellschaftsseiten der Medien. Die Vanderbilts als eine geradezu perfekte Inszenierung des amerikanischen Traums waren dort über Generationen präsent. Wie Rockefeller war auch der Gründer dieses Konzerns ein ehrgeiziger und in seinen Geschäftsmethoden rücksichtsloser Aufsteiger. Auch Cornelius Vanderbilt legte früh die Grundlage für sagenhaften Reichtum. Als 16-Jähriger lieh er sich Geld, um ein zweimastiges Segelboot zu kaufen, mit dem er eine Art Fährdienst zwischen Staten Island und New York betrieb. Es war der Beginn eines Dampfschiff- und Eisenbahnimperiums, das den »Commodore«, wie Cornelius genannt wurde, zu einem der reichsten Männer der USA machte und seinen 13 Kindern einen erfolgverprechenden Start ins Leben sicherte. Reichtum und Bodenständigkeit schließen sich in den USA keineswegs aus – Präsident George W. Bush, Sohn einer Familie von Ölmillionären, entspannte sich bestens bei der Arbeit auf der heimischen Farm in Texas; Cornelius Vanderbilt behielt auch als Millionär und am meisten bewunderter Bürger New Yorks, wo sein Domizil den Neid der anderen Superreichen weckte, seine urwüchsige Sprache bei. Er schien mit einem obszönen Fluch auf den Lippen geboren zu sein – seine zweite Ehefrau lud verschiedentlich Männer der Kirche ins heimische Domizil ein, auf dass der Commodore auf den Pfad sprachlicher Tugend geführt werde. Die Kleriker verließen meist ob der Ausdrucksweise des Hausherrn das Vanderbiltsche Anwesen an der Fifth Avenue zutiefst schockiert. Seine Nachfahren wurden für Jahrzehnte zum Inbegriff der amerikanischen High Society. Der bekannteste heute lebende Vanderbilt verdient sein Geld – und reichlich, steht zu vermuten – auf recht bürgerliche Weise: Es ist der CNN-*anchorman* Anderson Cooper.

Bewunderung schlägt auch heute noch jenen entgegen, die aus eigener Kraft Unternehmen gründen und reich und berühmt zur Personifizierung der neuesten Auflage des amerikanischen Traums werden. Diese Helden der Gegenwart arbeiten indes an saubereren Objekten als Ölpumpen und Dampflokomotiven, ihr Œuvre umgibt die Aura von Begriffen wie *data*, *digital*, *apps*, *social media*, *start-up*, die allesamt die Zugehörigkeit zu jener Branche signalisieren, in welcher die USA führend sind. Die großen Helden unserer Zeit, die von den Medien typischerweise in lockerer Freizeitkleidung und mit einem um die Ohrmuschel geschlungenen drahtlosen Mikrofon auf einer Bühne vor unzähligen, gläubig an ihren Lippen hängenden Fans präsentiert werden, sind Leute mit Namen wie Mark Zuckerberg, Sundar Pichai und Tim Cook; der Schutzheilige dieser IT-Epoche ist der früh verstorbene Steve Jobs.

Einer dieser Moguln des Informationszeitalters ist ein gutes Beispiel für ein traditionelles Ethos in der amerikanischen Oberschicht, nämlich der Einstellung, wonach jene viel an die Gemeinschaft zurückgeben sollten, denen viel gegeben wurde. Für eine *charity* zu stiften, ist vielen – gleichwohl nicht allen – der oberen 0,1 Prozent ein wichtiges Anliegen. Aus den Stiftungen der Superreichen der Vergangenheit sind Schulen, Forschungseinrichtungen, Museen und Universitäten entstanden. Eine der berühmtesten ist zweifellos die Stanford University in Palo Alto – sinnigerweise in der Nachbarschaft des Silicon Valley und anderer Hochtechnologiezentren –, welche der Eisenbahnbaron Leland Stanford (er leitete die Zeremonie mit der Einschlagung des goldenen Nagels bei Vollendung der Transkontinentalen Eisenbahn) 1885 gründete.

In der Gegenwart ist Bill Gates zusammen mit seiner Frau Melinda zur Verkörperung der Selbstverpflichtung zu einem massiven gesellschaftlichen und philanthropischen Engagement geworden. Allerdings entspricht seine erstaunliche Karriere in einem Punkt nicht der klassischen Vorgabe des amerikanischen Aufstiegsmythos: Er war nie Tellerwäscher, sondern kommt aus einem wohlhabenden Elternhaus. Zusammen mit seinem Freund Paul Allen entwickelte er eine Software für den Einsatz auf Heimcomputern. Die beiden Pioniere gründeten am 4. April 1975 ihre eigene Firma. Sie hieß Micro-Soft – den Bindestrich ließ man bald weg. Ein beispielloser Weg lag vor dem Unternehmen, dem ab 1980 mit dem Betriebssystem PC DOS und fünf Jahre später mit der ersten Version von Windows der Durchbruch gelang. Der *Personal Computer* hielt Einzug und schon für das Jahr 1982 ernannte das Magazin *Time* anstelle des traditionellen *Man of the Year* (die Ehrung ist inzwischen politisch korrekt zur *Person of the Year* mutiert) den PC zur *Machine of the Year*. Die Macintoshs und Commodores und Altairs des Jahrgangs hatten etwa ein Tausendstel bis Zehntausendstel der Kapazität unserer heutigen Smartphones.

Melinda und Bill Gates, der reichste Mensch der Welt, haben angekündigt, letztendlich 95 Prozent ihres Vermögens für wohltätige Projekte und vor allem zur Forschungsförderung zu spenden; ihre Stiftung ist eines der größten philanthropischen Unternehmen weltweit. Gates und Allen und einige andere Pioniere wie Steve Jobs leiteten das Computerzeitalter für alle ein. Wir sind dankbar, dass wir nicht mehr in der örtlichen Bibliothek den Brockhaus bemühen müssen, sondern Wikipedia haben, um nachzuschlagen, was eine Dyspareunie ist und wann Bloody Mary regierte (oder wie man den gleichnamigen Cocktail mixt). Es ist großartig, mit Freunden in allen Teilen der Welt zu chatten, mittels WhatsApp zu kommunizieren und zu facetimen. Und gleichzeitig werden unsere Daten und unser Dasein gläsern in einem Ausmaß, wie es sich jene Demonstranten nicht hätten vorstellen können, die vor vierzig Jahren den »Überwachungsstaat« beschworen - unsere Überwacher sitzen heute auch in *Corporate Headquarters* mit Namen wie Facebook, Uber, Google. Es ist vielleicht - auch in ihrer Zwiespältigkeit - die amerikanische Erfolgsgeschichte schlechthin im digitalen Zeitalter.

Epilog: Die Fackel der Freiheit

Die allermeisten Besucher betreten amerikanischen Boden heute in einem Flughafenterminal; eine Spezies von Gebäude, die von innen eigentlich überall gleich aussieht, ob mit Namen wie Dulles und O'Hare oder Kürzeln wie JFK und LAX verbunden. Um wie viel inspirierender war doch die Ankunft für Millionen von Amerikareisenden, viele von ihnen ohne die geringste Absicht, je die Rückreise anzutreten, die im späten 19. und frühen 20. Jahrhundert die wichtigste Eintrittspforte des Landes an Bord eines Dampfers ansteuerten, den Hafen von New York! Meist dicht gedrängt standen sie an der Reling, um dieses wuchtige Symbol zu bestaunen, welches das Schiff passierte: die 46 Meter hohe kupferne Statue einer Frau, die eine Fackel in den manchmal grauen, manchmal sonnigen Himmel über der Metropole am Hudson River reckt. Die Freiheitsstatue war ein Geschenk Frankreichs, des ältesten Verbündeten der USA, entworfen von Frédéric-Auguste Bartholdi und gebaut von Gustave Eiffel, der in seinem Heimatland bald darauf ein ähnlich berühmtes Bauwerk errichten sollte. Bei der offiziellen Einweihung der *Statue of Liberty* am 28. Oktober 1886 verlieh Präsident Grover Cleveland der Hoffnung Ausdruck, dass das von *Lady Liberty* ausgehende Licht »die Dunkelheit der Ignoranz und der Unterdrückung des Menschen durchbrechen möge, bis die Freiheit die Welt erleuchtet«.

Der spezifisch amerikanische Freiheitsbegriff, dessen

weltbekanntes Symbol die kupferne Dame in der römischen Toga wurde (für die der Legende nach Bartholdis Mutter Modell gestanden haben soll), hat in der Tat über Generationen hinweg Menschen auf aller Welt inspiriert – und zwar ganz unabhängig davon, welche Partei die Mehrheit im Kongress hatte und wer gerade Präsident war. Die Worte einer russisch-jüdischen Einwanderin um die Wende zum 20. Jahrhundert sprachen vielen aus dem Herzen, die sich auf den Weg machten – oder ein Leben lang nur davon träumten: »In diesen Tagen beschrieb das Wort ›Amerika‹ den Wunsch, den Traum, die Hoffnung einer jeden Person. Wir nannten es das Goldene Land.« Der Lichtstrahl der *Lady Liberty* wurde für die vielen Millionen Immigranten vor dem Ersten Weltkrieg zur (oft einzigen) Hoffnung, wie auch für die Verfolgten von Faschismus, Nationalsozialismus und Kommunismus; er brachte viele Tausend Vietnamesen und zahlreiche Kubaner dazu, sich eher einem der häufig nicht seetüchtigen Boote anzuvertrauen, eher ihr Leben zu riskieren (wie es in der Gegenwart viele »Illegale« entlang des Rio Grande tun), als in den »Paradiesen der Werktätigen« ein Dasein unter ideologischer Bevormundung oder noch Schlimmerem zu verbringen.

Die amerikanische Freiheit kennenzulernen und am *American Way of Life* zumindest zeitweilig teilzuhaben, ist seit vielen Jahrzehnten ein Grund für junge Menschen, als Austauschschüler oder Au-pair, als Student oder Nachwuchswissenschaftler für einige Monate in die USA zu gehen. Und sie treibt eine stetig steigende Zahl von Menschen in aller Welt an, die USA zu besuchen. Der Tourismus ist einer der größten Industriezweige des Landes, die Zahl der internationalen Besucher liegt zurzeit bei rund achtzig Millionen jährlich. Sie kommen ungeachtet aller politischen Meinungsunterschiede: Die Zahl chinesischer Besucher beispielsweise hat sich in den letzten acht Jahren versechsfacht, auf fast 2,7 Millionen pro Jahr. Ob es die grandiosen Nationalparks im Westen sind, die vibrierende Kulturszene in New York oder Chicago oder das Gefühl von – fast klischeehaft realer – grenzenloser Freiheit auf einer menschenleeren Landstraße in Arizona oder South Dakota – ein jeder, der die USA besucht, wird das Land nach seinen Erlebnissen und nach den Menschen, die ihm begegnet sind, beurteilen. Und nicht nach der gerade amtierenden Regierung.

Diese indes prägt vor allem das Amerikabild jener, die die USA nicht aus eigener Erfahrung kennen. Das 20. Jahrhundert ist oft das »amerikanische« genannt worden. Nach 1945 waren die USA auf dem Höhepunkt ihrer Macht, beeinflussten Politik, Kultur und Lebensstil in weiten Teilen der Welt. Doch was sind im 21. Jahrhundert die Alternativen, was sind mögliche Nachfolgemodelle?

Jene Kräfte in Europas öffentlicher und veröffentlichter Meinung, denen es die USA grundsätzlich nicht recht machen können, haben über viele Jahre Amerikas Engagement in der Weltpolitik meist rundum kritisiert. Gleichwohl fiel es im Westen bislang schwer sich vorzustellen, wie die Welt ohne dieses Engagement aussähe. Die letzte derartige Epoche waren die 1930er Jahre – eine wenig verheißungsvolle Reminiszenz. Der exzellente Amerikakenner Andreas Rüesch von der *Neuen Zürcher Zeitung* hat in den letzten Jahren die Tendenz der USA beobachtet, als eine – wie er es nennt – frühpensionierte Supermacht zu agieren. Die Folgen sind in den täglichen Nachrichten zu sehen: »Amerika zieht sich aus seiner Rolle als weltpolitischer Ordnungshüter zurück. Wohin dies führt, haben Konflikte von Syrien über die Krim bis Ostasien in den letzten Jahren auf drastische Art gezeigt«, analysiert Rüesch und weist darauf hin, dass es »gerade in Europa Tradition hat, den transatlantischen

›Hegemonen‹ mehr als Gefahr denn als Kraft des Guten zu betrachten. Doch diese Sicht blendet aus, welch entscheidende Funktion Amerika als Architekt und Garant der liberalen Weltordnung jahrzehntelang innehatte. Weder China noch die Uno oder die zerstrittenen Europäer sind zu einer solchen Rolle fähig. Europa sollte Amerika in seiner Rolle als Führungsmacht nicht bremsen, sondern ermutigen und seinen eigenen Beitrag leisten.«[1]

Diesem Gedanken folgend sollte Europa ein Partner und, wenn nötig, mahnender Freund sein, der dazu beiträgt, dass die dunkle (und in ihrem Wortlaut seither mehrfach edierte) Vision des größten Präsidenten der USA, Abraham Lincoln, nie Realität wird: »Amerika wird niemals von außen zerstört werden. Wenn wir versagen und unsere Freiheiten verlieren, dann nur deshalb, weil wir uns selbst zerstört haben.«

ANHANG

Anmerkungen

Einleitung: Unsichere Zeiten

1. Bundeskanzlerin Merkel hatte 2008 einen geplanten Wahlkampfauftritt des Kandidaten Obama am Brandenburger Tor untersagt.
2. Bzw. eine knappe Minderheit der insgesamt abgegebenen Stimmen in den USA.

1. Der Aufstieg eines fernen Landes: Kolonialzeit und Unabhängigkeit

1. Buchdrucker in Pennsylvania gaben fast umgehend eine deutsche Version, *Gesunde Vernunft*, heraus.

2. Die junge Nation: Eine konfliktreiche Geschichte

1. Zitiert nach Jill Lepore: »Party Time«. *The New Yorker*, 17. September 2007.

3. Der Weg zur Weltmacht: das 20. Jahrhundert

1. In Amerika wegen der Konzentration vieler namhafter Firmen an einer der großen Straßen New Yorks bald als »Madison Avenue« bekannt.
2. Zitiert nach Ronald D. Gerste: *Roosevelt und Hitler – Todfeindschaft und totaler Krieg*. Paderborn 2011, S. 67 f.
3. An diese erinnerten verschiedentlich Clinton-treue Kommentatoren im Wahlkampf 2016, als sie bei Trump oder dessen Partei isolationistische Ansätze zu erkennen glaubten.

4. Ronald D. Gerste: *Roosevelt und Hitler – Todfeindschaft und totaler Krieg*. Paderborn 2011.

5. Denise Kiernan: *The Girls of Atomic City. The Untold Story of the Women Who Helped Win WW II*. New York 2013.

6. H. W. Brands: *The General vs. The President. MacArthur and Truman at the Brink of Nuclear War*. New York 2016.

7. Wenngleich kaum in Uniform, sondern zur Tarnung meist in quasi-ziviler Kleidung.

8. Einige Tage darauf entdeckte man gar einen Typ mit noch größerem Aktionsradius.

4. Die Säulen der Macht:
Weißes Haus, Kapitol und Supreme Court

1. Leicht gekürzt zitiert nach David Remnick: »It Happened Here«. *The New Yorker*, 28. November 2016.

2. Claire Cain Miller: »Why Women Did Not Unite to Vote Against Donald Trump«. *The New York Times*, 12. November 2016.

3. Zweifellos eine Bildsymbolik aus dem 19. Jahrhundert, als dieses Kleidungsstück gebräuchlicher war.

4. Oder auf seiner Farm in Texas – er hält unter den Präsidenten den Rekord an Urlaubstagen.

5. Patriotismus und Exzeptionalismus:
America can't do wrong!

1. Bei Drucklegung dieses Buches gibt es lediglich im Repräsentantenhaus zwei Politiker, die sich als *Native Americans* bezeichnen.

2. Vgl. zur Geschichte der Ureinwohner den Band *Verlorene Welten. Eine Geschichte der Indianer Nordamerikas 1700–1910* von Aram Mattioli.

3. Max Boot: »Trump's ›America First‹ is the Twilight of American Exceptionalism«. *Foreign Policy*, 22. November 2016.

6. Das afroamerikanische Amerika: Die Ungleichheiten im System

1. Vgl.: https://www.whitehousehistory.org/questions/did-slaves-build-the-white-house.
2. Rachel L. Swarns und Judi Cantor: »In First Lady's Roots, a Complex Path From Slavery«. *The New York Times*, 9. Oktober 2009.
3. Ronald D. Gerste: *Rendezvous mit Amerikas Präsidenten. Unterwegs zu den Orten ihres Lebens.* Darmstadt 2012.
4. Patricia Sullivan: »A new Old Town tour sheds light on urban slavery«. *The Washington Post*, 28. November 2016.
5. Ronald D. Gerste: »Das Dorf im Fluss«. *Die Zeit*, 10. Mai 2007.
6. Ronald D. Gerste: »Der Schatten über Monticello«. *Damals*, Heft 3 (2015).
7. Vgl.: https://ucr.fbi.gov/crime-in-the-u.s/2014/crime-in-the-u.s.-2014/tables/expanded-homicide-data/expanded_homicide_data_table_6_murder_race_and_sex_of_vicitm_by_race_and_sex_of_offender_2014.xls (2015).

7. Heiligtum und Fluch: Schusswaffen

1. Justin George: »Former trauma patient pushes for gun-violence studies«. *The Washington Post*, 2. Dezember 2016.
2. Michal Addady: »A Tiny Percentage of U.S. Adults Own Half the Country's Guns«. *Fortune*, 19. September 2016.
3. Christopher Ingraham: »American gun ownership drops to lowest in nearly 40 years«. *The Washington Post*, 29. Juni 2016.
4. Adam Winkler: »The Secret History of Guns«. *The Atlantic*, September 2011.

8. Zwischen Silikonchips und Rost: Industrie und Verkehr

1. Alfred D. Chandler: *The Golden Spike.* New York 1996, S. 4.
2. Der Polizeitransporter hatte offenbar auf der Fahrt ins Präsidium so rasant die Kurven genommen, dass der nicht angeschnallte Inhaftierte schwerste Verletzungen davontrug.

9. Gesundheit und Bildung:
America's business is business!

1. Diese werben massiv mit dem *perfect smile*, dem in Amerika traditionell für ein erfolgreiches Dasein als unverzichtbar erachteten gewinnenden Lächeln mit strahlend weißen Zahn-implantaten.
2. OECD Health Data 2011.

10. Ein Weg eklatanter Widersprüche:
Der American Way of Life

1. http://www.endhomelessness.org.
2. Diese Zahlen stammen aus dem Jahr 2012.
3. http://www.povertyusa.com.

Epilog: Die Fackel der Freiheit

1. Andreas Rüesch: »Die frühpensionierte Supermacht«. *Neue Zürcher Zeitung*, 22. Dezember 2016.

Zeittafel

1775–1783	Amerikanischer Unabhängigkeitskrieg
1776	2. Juli/4. Juli: Abstimmung über die Unabhängigkeitserklärung und deren Bekanntgabe
1781	19. Oktober: Die Kapitulation der britischen Armee unter Lord Cornwallis bringt die Entscheidung im Unabhängigkeitskrieg.
1783	23. Dezember: General George Washington gibt in Annapolis sein Kommando an die zivile Gewalt, den Kongress, zurück.
1787	Auf der *Constitutional Convention* in Philadelphia wird die Verfassung der USA erarbeitet.
1789	George Washington wird erster Präsident der USA.
1801	4. März: Erster geordneter Amtswechsel vom Präsidenten einer politischen Gruppierung (John Adams) zu dem einer konkurrierenden Partei (Thomas Jefferson)
1801–1805	Erster Barbareskenkrieg und damit die erste militärische Intervention der USA in Übersee
1804	11. Juli: Alexander Hamilton, einer der Gründer der USA, wird von Vizepräsident Aaron Burr in einem Duell erschossen.
1812–1814	*The War of 1812*: Erneuter Krieg mit Großbritannien August 1814: Eroberung Washingtons durch die Briten und Zerstörung von Kapitol und Amtssitz des Präsidenten
1823	In der Monroe-Doktrin werden fremde (d.h. europäische) Einmischungen in Angelegenheiten der westlichen Hemisphäre als unfreundliche Akte definiert.
1824	Präsidentenwahl ohne klaren Sieger. Das Repräsen-

tantenhaus wählt am 9. Februar 1825 John Quincy Adams zum 6. Präsidenten.

1836	Texas erhebt sich gegen Mexiko, nach kurzer Selbständigkeit tritt der Staat 1845 den USA bei.
1838	*Trail of Tears:* Gewaltsame Vertreibung der Cherokee-Indianer
1841	William Henry Harrison ist der am kürzesten amtierende Präsident aller Zeiten (31 Tage).
1846–1848	Der Krieg mit Mexiko beschert den USA riesigen territorialen Zuwachs im Südwesten.
1849	Goldrausch in Kalifornien
1861–1865	Amerikanischer Bürgerkrieg
1863	1. Januar: Emanzipationsproklamation Präsident Lincolns
	1.–3. Juli: Entscheidende Schlacht bei Gettysburg
1865	9. April: Die Kapitulation der konföderierten Armee unter General Robert E. Lee bedeutet faktisch das Ende des Bürgerkrieges.
	14. April: Ermordung Präsident Lincolns
1867	Kauf von Alaska
1869	10. Mai: Vollendung der ersten transkontinentalen Eisenbahnlinie
1871	Oktober: Das »Große Feuer von Chicago«
1876	Hundertjahrfeier
	25. Juni: Vernichtung von Teilen der 7. US-Kavallerie unter George Armstrong Custer durch Sioux und Cheyenne am Little Big Horn River
	November: Umstrittener Ausgang der Präsidentenwahl, Rutherford B. Hayes wird im Februar 1877 zum Präsidenten erklärt.
1881	2. Juli: Anschlag auf Präsident James Garfield, er stirbt am 19. September.
1890	29. Dezember: Massaker am Wounded Knee
1898	Krieg gegen Spanien
1901	6. September: Anschlag auf Präsident William McKinley, er stirbt am 14. September.
1903	17. Dezember: Erster Motorflug der Gebrüder Wright in Kittyhawk (North Carolina)
1905	Die USA vermitteln im Russisch-Japanischen Krieg.

1906	18. April: Erdbeben in San Francisco
1912	14. April: Die *Titanic* sinkt nach der Kollision mit einem Eisberg auf dem Weg nach New York.
1916	November: Jeannette Rankin aus Montana wird als erste Frau in den Kongress gewählt. Sie wird sowohl 1917 als auch 1941 bei den Kriegserklärungen der USA eine Gegenstimme (die einzige 1941) abgeben.
1917	6. April: Eintritt der USA in den Ersten Weltkrieg
1919	Der Senat lehnt den Friedensvertrag von Versailles ab und verhindert die Teilnahme der USA am Völkerbund.
	Präsident Woodrow Wilson ist nach einem Schlaganfall weitgehend amtsunfähig.
1920	Wahlrecht für Frauen
	Beginn der Prohibition, des Alkoholverbots (bis 1933)
1927	21./22. Mai: Erster Alleinflug über den Atlantik durch Charles Lindbergh
1929	Der Börsencrash löst eine weltweite Wirtschaftskrise aus.
1933	Nach seiner Wahl zum 32. Präsidenten beginnt Franklin D. Roosevelt sein Programm des *New Deal* zur Behebung der Depression.
1940	5. November: Als einziger Präsident wird Franklin D. Roosevelt für eine dritte (und 1944 für eine vierte) Amtszeit gewählt. Später wird durch einen Verfassungszusatz bei zwei Amtszeiten eine Grenze gesetzt.
1941	7. Dezember: Nach dem japanischen Überfall auf Pearl Harbor treten die USA in den Zweiten Weltkrieg ein; Hitler-Deutschland erklärt den Vereinigten Staaten am 11. Dezember den Krieg.
1942	4. Juni: Vorentscheidender Sieg über die Japaner bei Midway
1944	6. Juni: D-Day, Landung der Alliierten in der Normandie
1945	12. April: Nach dem plötzlichen Tod Roosevelts wird Harry Truman Präsident der USA.
	8. Mai: Kapitulation Deutschlands

	August: Atombombenangriffe auf Hiroshima und Nagasaki, Japan kapituliert am 15. August.
1948–1949	West-Berlin wird vornehmlich von amerikanischen Fliegern durch eine Luftbrücke versorgt.
1950–1953	Koreakrieg
1955	Der Supreme Court hebt die Rassentrennung an Schulen auf. Eröffnung Disneylands und des ersten McDonalds-Restaurants
1957	Sputnik-Schock: Die Russen schicken als Erste einen Satelliten ins All, nicht die USA.
1962	Oktober: Krise um sowjetische Raketen auf Kuba
1963	22. November: Präsident John F. Kennedy wird in Dallas ermordet.
1964–1973	Amerikanische Beteiligung am Krieg in Südostasien
1964	*Civil Rights Act* durch Präsident Lyndon B. Johnson unterzeichnet
1968	Ermordung von Martin Luther King (4. April) und Robert Kennedy (4. Juni)
1969	21. Juli: Auf dem Mond wird die amerikanische Fahne gehisst.
1974	8. August: Präsident Richard Nixon tritt als Folge der Watergate-Affäre zurück.
1976	Zweihundertjahrfeier
1979–1981	Amerikanisches Botschaftspersonal wird im Iran als Geiseln gehalten.
1981	Ronald Reagan tritt im Januar als bis dahin ältester Präsident sein Amt an; er überlebt ein am 30. März verübtes Attentat.
1985–1988	Mehrere Gipfeltreffen Präsident Reagans mit Michail Gorbatschow läuten das Ende des Kalten Krieges ein.
1991	Erster Golfkrieg zur Befreiung Kuwaits
2000	Wahlchaos in Florida; nach mehrwöchigem Rechtsstreit wegen fehlerhafter Auszählungen wird George W. Bush nach einer Entscheidung des Supreme Court der 43. US-Präsident.
2001	11. September: Terroranschläge in New York, Washington und Pennsylvania
2003	Beginn des Irakkrieges

2008	Globale Finanzkrise
	4. November: Barack Obama wird zum 44. US-Präsidenten gewählt.
2010	Der *Affordable Care Act* soll allen Amerikanern eine Krankenversicherung ermöglichen.
2013	15. April: Terroranschlag auf den Boston Marathon
2016	8. November: Donald Trump wird zum 45. US-Präsidenten gewählt.

Die Präsidenten der USA

Die Präsidentschaftswahl findet alle vier Jahre am Dienstag nach dem ersten Montag im November statt – so die offizielle Definition des Wahltermins. Das bedeutet: am ersten Dienstag im November; es sei denn, der 1. November fällt auf einen Dienstag, dann ist der Termin eine Woche darauf.

Bis einschließlich 1933 begann die Amtszeit des neu- oder wiedergewählten Präsidenten an dem der Wahl folgenden 4. März. Seit 1937 findet die Vereidigung am 20. Januar statt; fällt dieser auf einen Sonntag, wird die Inauguration am 21. Januar vorgenommen.

1. George Washington (1789–1797)	parteilos
2. John Adams (1797–1801)	Föderalist
3. Thomas Jefferson (1801–1809)	Democratic-Republican
4. James Madison (1809–1817)	Democratic-Republican
5. James Monroe (1817–1825)	Democratic-Republican
6. John Quincy Adams (1825–1829)	Democratic-Republican
7. Andrew Jackson (1829–1837)	Demokrat
8. Martin Van Buren (1837–1841)	Demokrat
9. William Henry Harrison (4. März 1841–4. April 1841)	Whig
10. John Tyler (1841–1845)	Whig
11. James Knox Polk (1845–1849)	Demokrat
12. Zachary Taylor (1849–9. Juli 1850)	Whig
13. Millard Fillmore (1850–1853)	Whig
14. Franklin Pierce (1853–1857)	Demokrat
15. James Buchanan (1857–1861)	Demokrat
16. Abraham Lincoln (1861–15. April 1865)	Republikaner

17. Andrew Johnson (1865–1869)	Demokrat (auf republikanischem Ticket)	
18. Ulysses S. Grant (1869–1877)	Republikaner	
19. Rutherford B. Hayes (1877–1881)	Republikaner	
20. James A. Garfield (1881–19. September 1881)	Republikaner	
21. Chester A. Arthur (1881–1885)	Republikaner	
22. Grover Cleveland (1885–1889)	Demokrat	
23. Benjamin Harrison (1889–1893)	Republikaner	
24. Grover Cleveland (1893–1897)	Demokrat	
25. William McKinley (1897–14. September 1901)	Republikaner	
26. Theodore Roosevelt (1901–1909)	Republikaner	
27. William H. Taft (1909–1913)	Republikaner	
28. Woodrow Wilson (1913–1921)	Demokrat	
29. Warren G. Harding (1921–2. August 1923)	Republikaner	
30. Calvin Coolidge (1923–1929)	Republikaner	
31. Herbert C. Hoover (1929–1933)	Republikaner	
32. Franklin D. Roosevelt (1933–12. April 1945)	Demokrat	
33. Harry S. Truman (1945–1953)	Demokrat	
34. Dwight D. Eisenhower (1953–1961)	Republikaner	
35. John F. Kennedy (1961–22. November 1963)	Demokrat	
36. Lyndon B. Johnson (1963–1969)	Demokrat	
37. Richard M. Nixon (1969–9. August 1974)	Republikaner	
38. Gerald Ford (1974–1977)	Republikaner	
39. Jimmy Carter (1977–1981)	Demokrat	
40. Ronald W. Reagan (1981–1989)	Republikaner	
41. George H. W. Bush (1989–1993)	Republikaner	
42. Bill Clinton (1993–2001)	Demokrat	
43. George W. Bush (2001–2009)	Republikaner	
44. Barack Obama (2009–2017)	Demokrat	
45. Donald Trump (2017–)	Republikaner	

Ausgewählte Literatur

H. W. Brands: *The General vs. The President. MacArthur and Truman at the Brink of Nuclear War.* New York 2016.

Bill Bryson: *Streiflichter aus Amerika: Die USA für Anfänger und Fortgeschrittene.* München 2009.

Horst Dippel: *Geschichte der USA.* München 2015.

Winand Gellner und Martin Kleiber: *Das Regierungssystem der USA.* Stuttgart 2012.

Ronald D. Gerste: *Defining Moments. Amerikas Schicksalstage vom 4. Juli 1776 bis 11. September 2001.* Regensburg 2002.

Ronald D. Gerste: *Duell ums Weiße Haus: Amerikanische Präsidentschaftswahlen von George Washington bis 2008.* Paderborn und Zürich 2008.

Ronald D. Gerste: *JFK – 100 Fragen, 100 Antworten.* Stuttgart 2013.

Ronald D. Gerste: *Rendezvous mit Amerikas Präsidenten. Unterwegs zu den Orten ihres Lebens.* Darmstadt 2012.

Ronald D. Gerste: *Roosevelt und Hitler – Todfeindschaft und totaler Krieg.* Paderborn 2011.

Ronald D. Gerste: »Der Schatten über Monticello«. *Damals,* Heft 3 (2015).

Emil Hübner und Ursula Münch: *Das politische System der USA: Eine Einführung* (Beck'sche Reihe). München 2013.

Denise Kiernan: *The Girls of Atomic City. The Untold Story of the Women Who Helped Win WW II.* New York 2013.

Christof Mauch: *Die amerikanischen Präsidenten: 44 historische Portraits von George Washington bis Barack Obama.* München 2013.

James McPherson: *Für die Freiheit sterben. Die Geschichte des amerikanischen Bürgerkrieges.* Köln 2008.

Barack Obama: *Ein amerikanischer Traum: Die Geschichte meiner Familie.* München 2009.

Das USA Buch – Magnum-Ausgabe: Highlights eines faszinierenden Landes. München 2014.

Howard Zinn: *Eine Geschichte des amerikanischen Volkes.* Hamburg 2013.

Nordamerika nach dem Siebenjährigen Krieg, 1763

Pazifik

Hudson Bay

Große Seen

Quebec

St. Pierre et Miquelon

Boston

New York

Atlantik

Missouri

Mississippi

Ohio

Colorado

Charleston

Rio Grande

Golf von Mexiko

- Großbritannien
- Frankreich
- Spanien
- Russland
- Terra incognita

Die USA nach dem Unabhängigkeitskrieg, 1783

Unbeanspruchtes Gebiet

Hudson Bay

Pazifik

Boston

New York

Missouri

Mississippi

Ohio

Vereinigte Staaten

Atlantik

Colorado

Neu-Spanien

Charleston

Rio Grande

New Orleans

Puerto Rico

Golf von Mexiko

Mexiko-Stadt

Kuba

Jamaika

Hispaniola
Saint-Domingue

Karibisches Meer

Südamerika

- Großbritannien
- Frankreich
- Spanien
- Russland
- Vereinigte Staaten
- Umstritten zwischen Großbritannien und USA
- Umstritten zwischen Spanien und USA

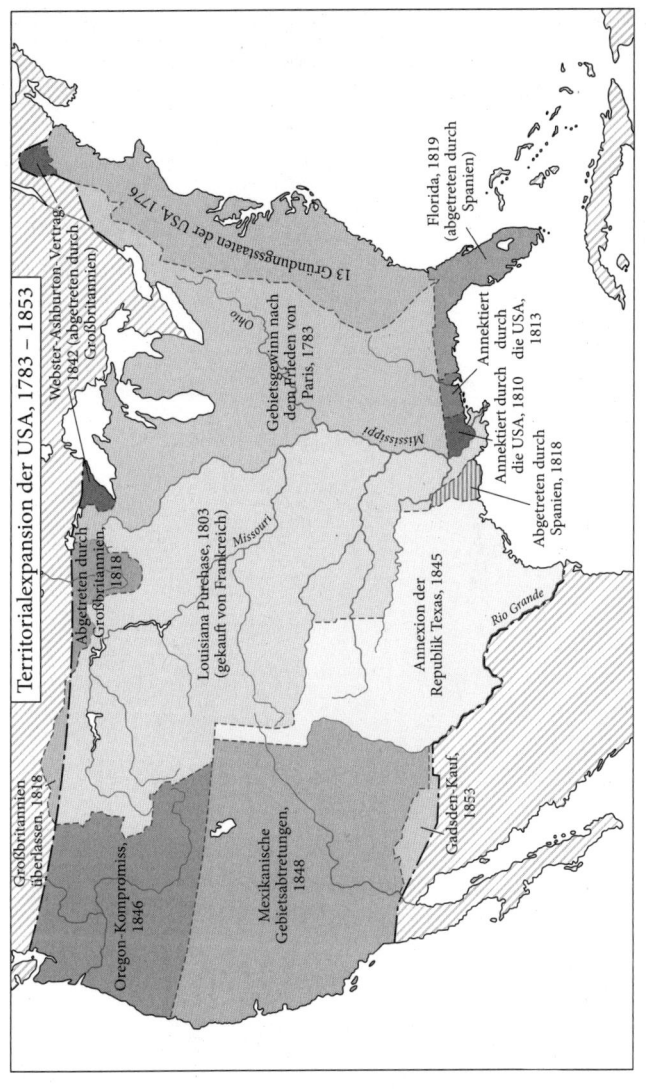

Territorialexpansion der USA, 1783 – 1853

Webster-Ashburton-Vertrag, 1842 (abgetreten durch Großbritannien)

13 Gründungsstaaten der USA, 1776

Florida, 1819 (abgetreten durch Spanien)

Gebietsgewinn nach dem Frieden von Paris, 1783

Annektiert durch die USA, 1813

Annektiert durch die USA, 1810

Abgetreten durch Spanien, 1818

Ohio

Mississippi

Missouri

Abgetreten durch Großbritannien, 1818

Louisiana Purchase, 1803 (gekauft von Frankreich)

Annexion der Republik Texas, 1845

Rio Grande

Großbritannien überlassen, 1818

Oregon-Kompromiss, 1846

Mexikanische Gebietsabtretungen, 1848

Gadsden-Kauf, 1853

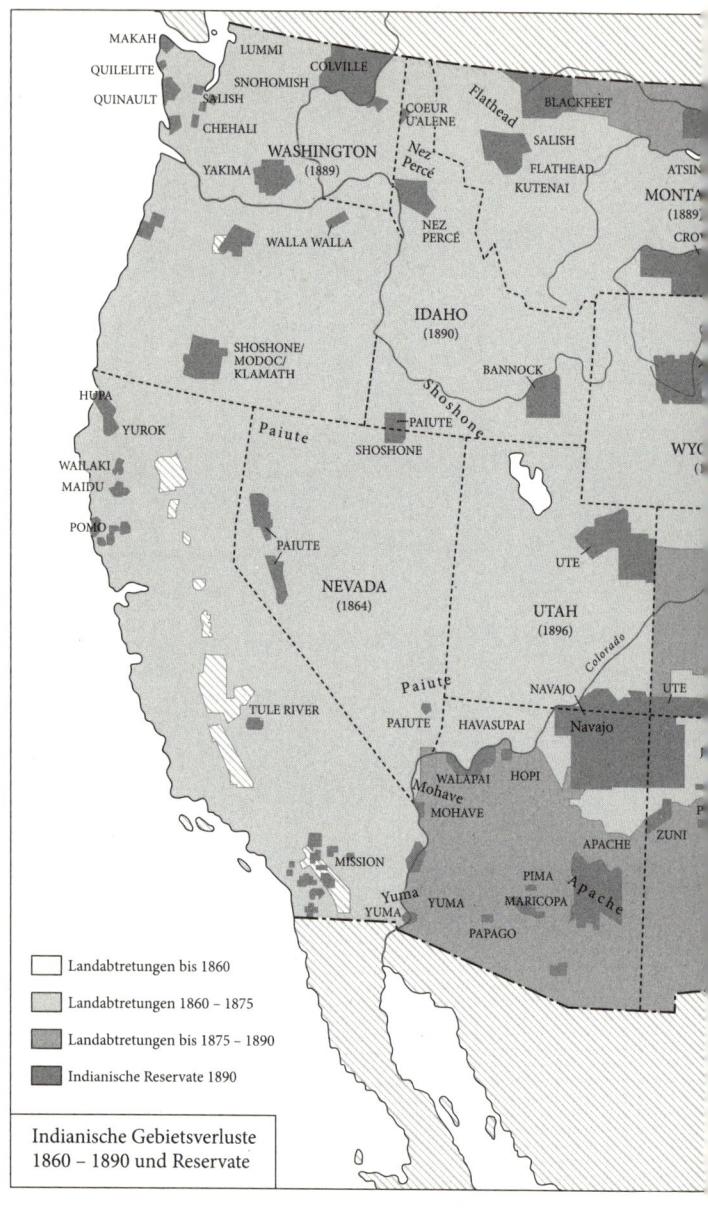

MAKAH
QUILELITE
QUINAULT
LUMMI
SNOHOMISH
SALISH
CHEHALI
COLVILLE
YAKIMA
WASHINGTON
(1889)
COEUR
U'ALENE
Nez
Percé
NEZ
PERCÉ
WALLA WALLA
Flathead
BLACKFEET
SALISH
FLATHEAD
KUTENAI
ATSIN
MONTA
(1889)
CRO
SHOSHONE/
MODOC/
KLAMATH
IDAHO
(1890)
BANNOCK
Shoshone
HUPA
YUROK
WAILAKI
MAIDU
POMO
Paiute
PAIUTE
SHOSHONE
PAIUTE
NEVADA
(1864)
UTE
UTAH
(1896)
WYO
(
Colorado
TULE RIVER
Paiute
PAIUTE
HAVASUPAI
NAVAJO
UTE
Mohave
WALAPAI
MOHAVE
HOPI
Navajo
MISSION
ZUNI
APACHE
Yuma
YUMA
YUMA
PIMA
MARICOPA
PAPAGO
Apache

Landabtretungen bis 1860

Landabtretungen 1860 – 1875

Landabtretungen bis 1875 – 1890

Indianische Reservate 1890

Indianische Gebietsverluste
1860 – 1890 und Reservate

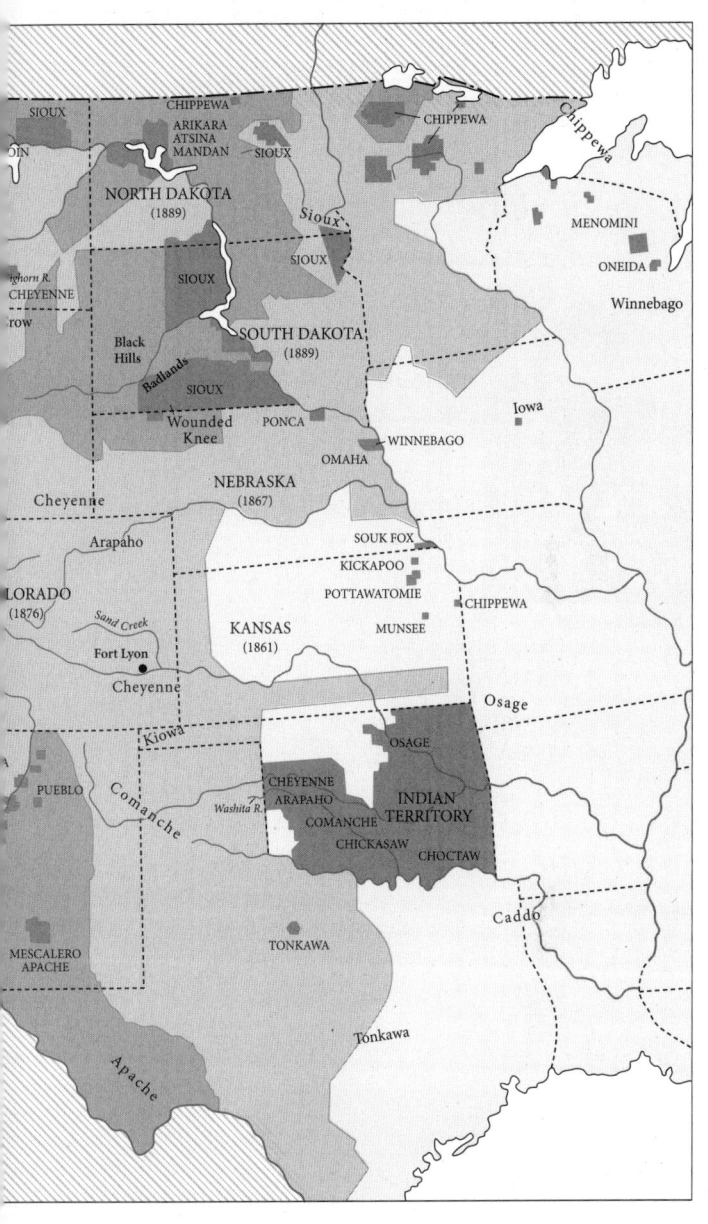

Über den Autor

© Jacqueline Gerste

Ronald D. Gerste, Dr. phil., geb. 1957 in Magdeburg, ist Arzt und Historiker. Er lebt heute als Buchautor und Wissenschaftskorrespondent in Washington D.C. und schreibt u.a. für die »Neue Zürcher Zeitung«, »Die Zeit«, die »Frankfurter Allgemeine Sonntagszeitung«, das »Deutsche Ärzteblatt« und »Damals«.